ランニング・コア・メソッド
Core Method

プロフェッショナル・ランニングコーチ 青山剛
×
コンディショニング・トレーナー 前波卓也

「走りたい」けど「走れるかな?」と迷っているなら……

皆さんの周りでも、ランニングを愛好する方々が増えているのではないでしょうか？　健康への関心が高まる現在において、誰でも手軽に取り組めるスポーツとして、ランニングは多くの人々に親しまれています。でも、なかには「自分も走りたいな……」と思ってはいても、「走るのは苦手。自信がない」と迷っている方も多いと思います。

　子どもの頃は、誰もが楽しそうに駆け回っていたはずです。しかし、それが速さを競ったり、罰として走らされたり、いつしかランニング本来の楽しさを見失ってしまったのではないでしょうか？　また、運動から離れた生活を送ってきたため、体力的に不安を抱える人もいるでしょう。でも、心配はいりません。誰でもカンタンに走れるようになります。速さを気にせず、距離も気にせず、自分のペースで走れば、魅力的なランニング体験があなたを待っています。

　新たな一歩を踏み出し、目標を持つことで、心もカラダも前向きになります。世界記録はムリでも自己記録は更新できます。また、放っておけば進んでしまう老化を緩和させ、脂肪燃焼効果でボディラインもスッキリさせることができます。走ることで、いつまでも若々しく、健康な心とカラダを手に入れることができるのです。「走りたいけど……」と迷っているなら、とりあえず新しい一歩を踏み出してみましょう！

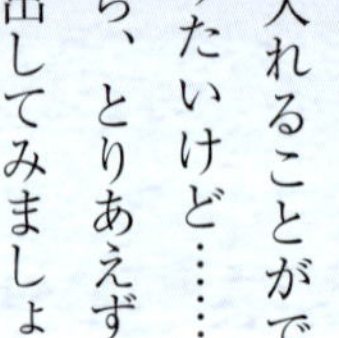

モデル
阪田瑞穂 SAKATA MIZUHO

Profile

2002年の「第8回全日本国民的美少女コンテスト」グランプリ受賞をきっかけに、芸能界デビュー。青山コーチの指導の下、2013年の東京マラソンに初挑戦し、4時間17分37秒という好タイムで完走。

Prologue

プロフェッショナル・ランニングコーチ
青山 剛

コンディショニング・トレーナー
前波卓也

コツさえつかめば、ラクに走れる!

ランニングは、誰でも始めることができます。では、なにも準備せず、すぐに走り始めればよいかというと、そうではありません。これまで、あまり運動したことがないという人が、ランニングによってカラダに急激な負担をかけると、故障しやすいですし、長続きもしません。動作として〝走る〟ことは、なにも教わらなくても〝できてしまう〟ため、多くの人は誤った方法で走り始めてしまいます。しかし、ランニングもスポーツです。正しい準備、正しい方法で、走るためのコツをマスターしないと、ラクに長く走り続けることはできないのです。

　野球であれば、キャッチボールから練習するように、ランニングにも基礎が存在します。基礎を学ばずにロードで走り始めることは、プールで泳ぎ方を練習せずに、海に出るようなものなのです。カラダを効率的に使って、ムダのない走り方を身につければ、故障も少なく、快適に走ることができます。ランニングの基礎は、そんなに難しいものではありません。子どもの頃は誰でもラクに走れたのですから、現代生活の中で眠ってしまったカラダの機能を呼び起こすだけ。ラクに、長く、楽しく走れるようになって、その延長線上にマラソンがあるのです。

　そして、快適なランニングに欠かせないキーワードとなるのが〝体幹〟(P26)です。本書では、体幹を使った走り方を中心に、誰もがラクに長く楽しく走るためのメソッドを解説していきます。

現代人のカラダは眠っている?

もし、いま現在、あなたがまったく運動をしていないとすれば、そのほとんどの場合、体幹の力は眠っていると思います。現代の日常生活シーンでは、前かがみの動作が多くを占めているためです。電車の中で座って本を読む、パソコンの前に一日中座って仕事をする、机の上でほおづえをつくなど、普段の生活では姿勢が前に偏る動作ばかり。また、子どもの頃と違い、手を思い切り上げたり、ボールを全力で投げたりということもありません。大人になるほど、小手先の動作が生活のほとんどを占めるようになります。

体幹の力は、よい姿勢をつくることが基本となり、そのためには、前に傾いている姿勢を起こしてあげないといけません。さらに、ランニングにおいては、普段はあまり動かすことのない体幹部の筋肉をダイナミックに動かすことも必要です。基本的にランニングは背面の筋肉で力を生み出すスポーツ。前かがみの日常動作とは真逆の運動になるわけですから、カラダの機能が眠ったままムリに走れば、故障が生じるのも当然です。

効率のよい快適なランニングを楽しむには、まず眠ったカラダを起こしてあげることが大切なのです。そのためには、よい姿勢をつくること、そして、あまり使われていない筋肉を刺激して呼び覚ますことが最初の一歩。体幹の力が目覚めれば、これまでの重かった動きが嘘のように軽く感じられ、負担のない軽快な走りに自分自身が驚くことになるでしょう。

Stretch
Switch
Strength

ラクに走るための3つの「S」とは？

ランニングを始めると、できるだけ短期間にタイムを上げたいがために、がむしゃらに走ってしまう人も多く見られます。それが上達の近道であると、信じているのだと思います。しかし、それは大きな間違いです。たしかに短期的に見れば、それで速くなるかもしれません。しかし、基礎をないがしろにして走り続ければ、記録はある程度のところで伸び悩むことになるでしょう。しかも、足に負担がかかる走り方を続ければ、故障を引き起こす原因にもなってしまいます。

　では、ラクに長い距離を速く走るためには、どうすればよいのでしょう？　答えは3つの「S」にあります。「Stretch（伸ばす）」「Switch（カラダの力を起こす）」「Strength（カラダの力を使う）」という3つの順番を守ることが、効率のよい走りと、長期的な成長を実現させてくれるのです。

　まず、ストレッチ（P42）で使用する筋肉や関節などを伸ばし、体幹スイッチ・エクササイズ（P52）で体幹の力を呼び覚まします。この順番を守れば、負担の少ないきれいなフォームで長く速く走ることが可能になるのです。ストレッチやエクササイズは、地道に継続する必要があるので、遠回りしているように見えますが、長期的に見れば確実に結果に表れます。

　負担の少ないきれいなフォームで走りたい人、ケガをしたくない人、記録を伸ばしたい人は、〝急がば回れ〟の気持ちで、3つの「S」を実践しましょう！

ストレッチ＝伸ばす

スイッチ＝カラダの力を起こす

ストレングス＝カラダの力を使う

目標は人それぞれ。自分のペースで走ろう!

「どういう練習をすればよいか?」ということをよく質問されます。しかし、その前に〝自分がどうしたいのか?〟ということを明確にしておかないと、その質問に答えることができません。「体重を5キロ減らしたい」「フルマラソンを完走したい」など、目的によって練習の頻度や強度が変わってくるからです。

「A×B=P」とは、目標達成の公式です。「A」は正しい走り方のことで、これはすべての人に共通するランニングの基礎といえます。「B」は練習量・練習メニューのことで、目的によって変化します。フルマラソンを4時間以内で完走する場合と、ダイエット目的の場合とでは、練習の量も質も異なるのです。「P=Performance」は目標達成のことで、順番としては、目標を先に設定します。まずは、目標を決めて具体的な練習を組んでいきます。

ここで大事なのは、目標を明確に立てるということ。目標を立てずに走ると、なんのために走っているのかがわからなくなり、長続きしません。また、目標は人それぞれだということも忘れないようにしましょう。他人と比較してしまう人がよくいますが、目標が違えば、練習内容は変わるわけですから、人より遅くても気にしないこと。自分のペースで、目的に合わせて走ればよいのです。また、目標を達成できなかったとしても、次に挑戦すればよいわけですから、気楽にランニングを楽しむことを第一に考えましょう。

A×B=P

A=正しい走り方　B=練習メニュー&練習量　P=目標達成

asics

Contets

Running Core Method

目次

企画・編集：千葉慶博（ケイ・ライターズクラブ）
撮影：蔦野裕
ヘアメイク：MIKE
イラスト：田中昌宏
本文デザイン：大井亮、大澤和博、工藤政太郎（Zapp!）
撮影協力：オークリージャパン、アシックス、アメアスポーツジャパン スント事業部、都立 夢の島公園、夢の島競技場、浦安市総合体育館

1st STEP

走るための知識とモチベーションを高める

1st STEP

準備

ランニングシューズは先に買おう！

ランニングはシューズの選択が大切。
失敗しないように注意しましょう！

ランニングを始めようと思ったら、まずはランニングシューズを買いに行きましょう。先にシューズを購入すれば、「せっかく買ったのだから」と、走りたい気持ちがさらに後押しされ、モチベーションも高まります。でも、ここでデザインや色で適当に選んではダメ。ランニングは、着地時に体重の3倍の衝撃が足に加わるので、選択を誤ると足を痛める原因にもなります。とくにビギナーの場合は、走るための筋力が備わっていないので、着地の衝撃から足をしっかり保護してくれるものを選びましょう。

なにがよいか自分でわからない場合は、ショップの店員さんなどに相談して購入すると、失敗が少なくなります。

シューズ選びのポイント

シューズの選択はランニングの第一関門。ポイントをしっかり押さえてお気に入りのシューズをゲットしましょう。ここで解説するのはビギナー向けのポイント。 筋力が不足している足をしっかり保護してくれます!

❷ 反発性

先端を折り曲げたとき、やや固く反発するものを選ぶと、足底筋の弱さをカバーしてくれる。

❶ クッション

かかとがしっかり固定され、ソールが厚く、クッション性の高いものは、衝撃を吸収してくれる。

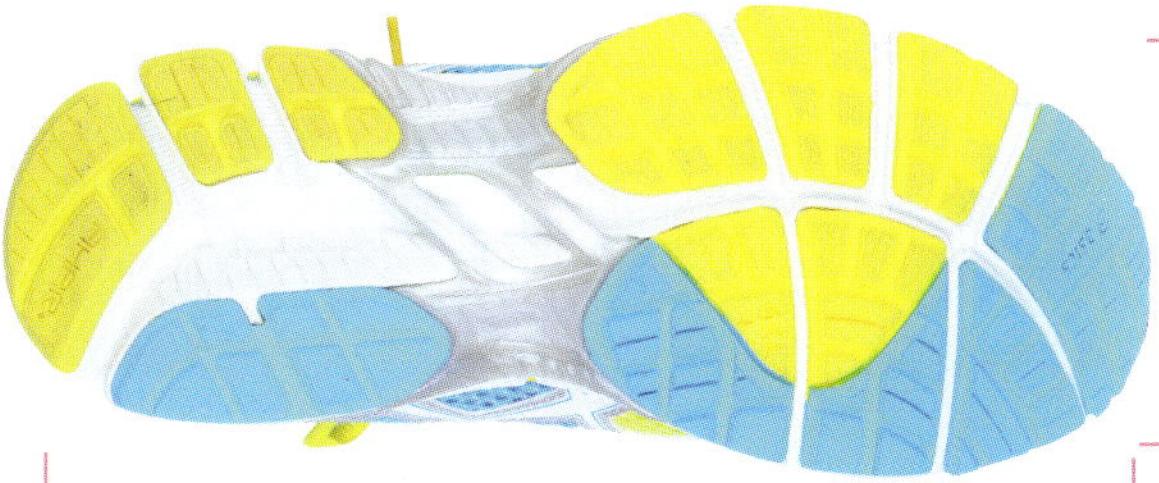

❸ サイズ

走っているうちに足底のアーチが沈んでくるため、普段履いている革靴のサイズより約1cm大きいサイズを選ぶ。

❹ 幅

足幅のタイプもさまざまなバリエーションがある。自分の足のタイプに合わせて選ぶ。

トレーニング用とランニング用は違う!

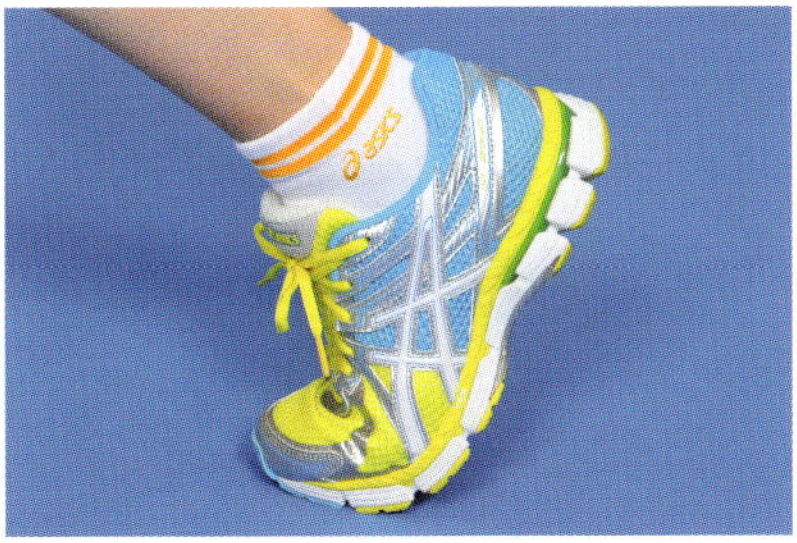

ランニングシューズは、前に進むことに特化しているので、長距離を走るのに最も適しています。トレーニング用は360度の動きに対応するためにつくられており、長距離にはあまり向いていません。

シューズとソックスはセットで!

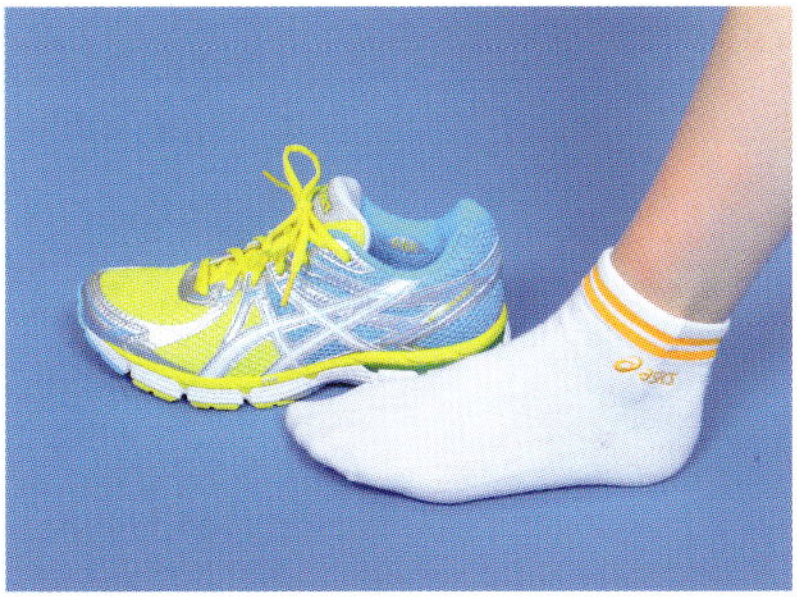

実はソックスの選択も大事。普段使用しているソックスだと、「すべる、すれる、むれる」ことでマメができやすくなります。走るために開発されたランニング用のソックスを購入しましょう。

Point

1st STEP

準備

散歩しながらMYコースを探そう！

まずは自宅の周辺を散歩しながら、ランニングに適したコースを探すこと！

ランニングシューズを購入したら、すぐに走りたくなるところですが、まだカラダの準備ができていないので少しガマン。でも、せっかくですからシューズを履いて、自宅周辺を散歩してみましょう。その際に、自分のランニングコースを事前に見つけておくことが大切です。

では、どのようなことに注意してコースを設定すればよいのでしょうか？　もし、近くに大きな公園があれば、公園の周回コースがベスト。安全ですし、距離表示が整備されているコースもあります。また、ランニングを中止しても周回コースであれば戻りやすいからです。公道を走る場合は、信号が少なく、歩道が広い場所を選ぶとよいでしょう。

ビギナーにオススメなのは周回コース

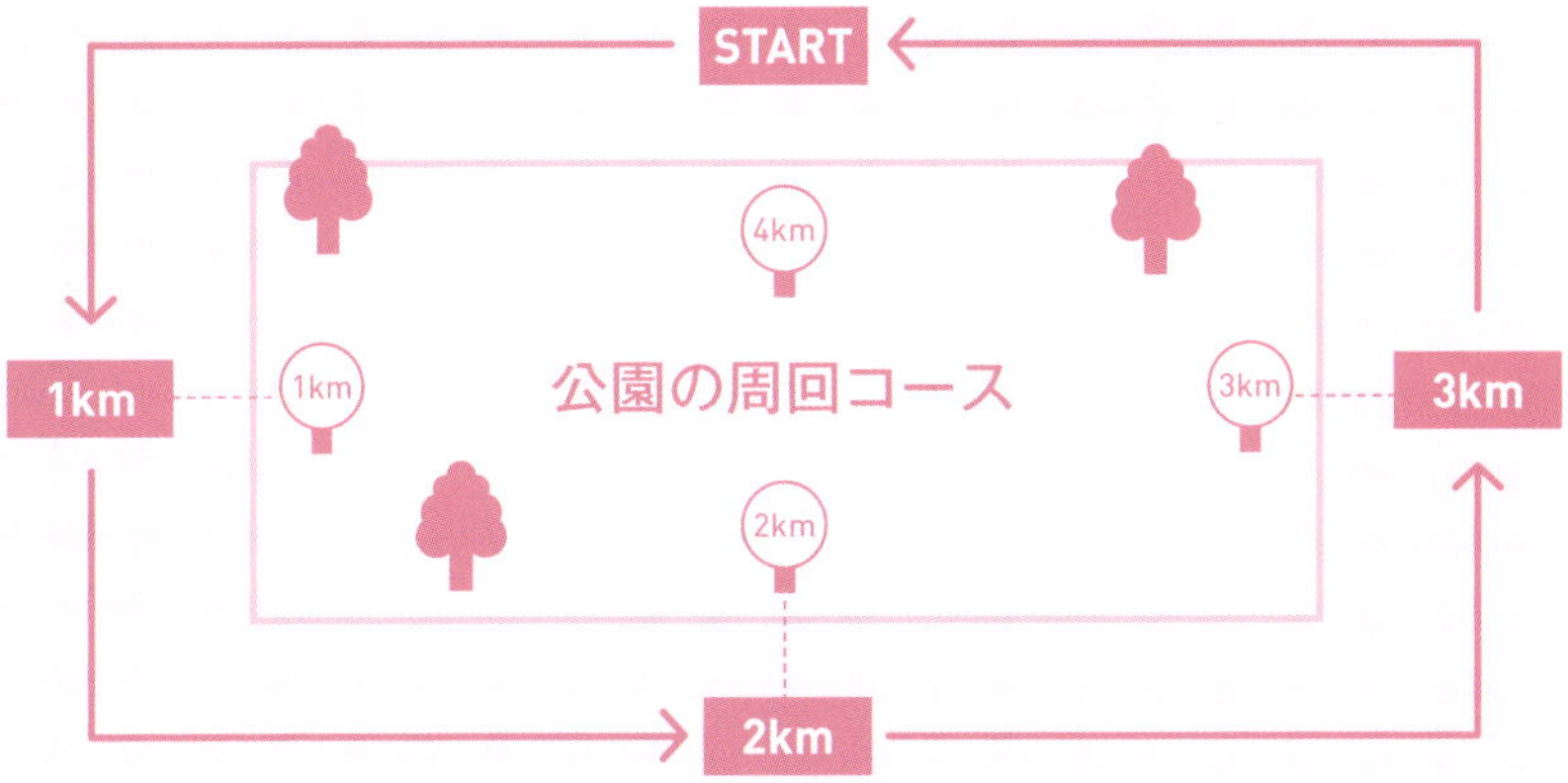

コース選びのポイント

❶ 周回コースである

ビギナーの場合は、途中で走るのを中止しても戻りやすい周回コースを選びましょう。走り慣れていないうちは公園の遊歩道などがベスト。

❷ 距離表示がある

公園のコースには、距離表示が設置されている場合があり、ペース感覚を養うのに適しています。ない場合は時間を設定して走りましょう。

❸ 安全である

自動車や自転車、歩行者の往来が少なく、歩道の幅の広いコースがベター。走りやすさでいえば、信号が少ないこともポイントです。

Question

Q 公道で走り始めるときのポイントは?

A 安全に注意して。

長い距離の折り返しコースなどを設定してしまうと、疲れ切ってやめたいときに、戻るのが大変という事態に。また、イヤホンで音楽を聴きながら走るのも、車の音に気付かなかったりするので危険です。基本は平地で広い歩道のある場所がベスト。起伏の激しいコースはできるだけ避けましょう。

1st STEP
準備

長続きさせるコツを知りたい！

頑張らない！
記録する
仲間をつくる
目標を立てる

できるだけ長く続けるために、
モチベーションを維持する
コツを教えます！

走り始めたものの、三日坊主で終わったら意味がありません。ランニングの楽しさを味わうためにも、長く続けていきたいものです。長続きさせるためには、ライフスタイルに自然な形でランニングを組み込んでいくことが必要です。

そこで大事なのが「走りたいか、走りたくないか」という自分の気持ち。走りたくないのにムリに走ろうとすれば、ランニングは苦しいものになってしまいます。自分が気持ちいいと感じるときに走るほうが、モチベーションは上がります。

やがて、それが習慣化し、仕事で疲れたときに「走りたい」と感じるようになれば本物。ここでは、それに至るまでのモチベーション維持のコツを教えます。

長続きさせる4つのポイント

❶ 頑張らない！

学生時代に運動経験のある人は、昔の感覚で頑張りすぎる傾向があります。「タイムを上げたい」「人よりも速く走りたい」と焦るあまり、必要以上に自分を追い込んでしまうのです。これでは走ることに気持ちいいと感じることができず、なにかのきっかけでやめてしまうことに。メニューによっては心肺を刺激するスピード練習もありますが、ビギナーのうちは速さは必要ありません。なにより「気持ちいい」と感じるペースで走ることが大切。走りたくなければ、休養してもいいですし、苦しくなったら歩いてもいいのです。

❷ 記録する

自分の成長や変化を実感するということもモチベーション維持には大切です。そのいちばん効果的な方法が、自分の成果を記録するということ。そのときの体調や気持ちなど、簡単なランニング日誌をつけておけば、後から振り返って自分の成長を実感することができます。また、スマートフォンなどでも、距離やペースタイム、コースの地図などを記録してくれるさまざまなランニング・アプリがあるので、それを利用するのもオススメ。体重の減少、ペースタイムの向上など、うれしい変化を確認すると、さらにやる気が出ます。

❸ 仲間をつくる

「ひとりの世界に浸りたい」という目的で走り続けるランナーも多いのですが、ランニング仲間をつくって、一緒に楽しく走るほうがモチベーションが上がるということもあります。長い時間をひとりで黙々と走っていると、その時間を暇に感じてしまうという人は、ランニング仲間をつくりましょう。セミナーやサークルに参加したり、パーソナル・トレーナーに指導を受けてみるのもオススメ。自分の走りを見てくれる誰かがいる、ということがモチベーションの維持につながります。新たな出会いもランニングの魅力です。

❹ 目標を立てる

モチベーションの維持も目標あればこそ。「5キロやせたい」「フルマラソンを完走したい」など、ただ走るだけでなく、達成したい目標があれば、長く走り続けることができます。そして、努力の末に目標を達成できれば、それが成功体験となり、さらに次の目標に挑戦したいという前向きな気持ちが生じるのです。ランニングを始める前に、まずは自分がなにをしたいのかということを明確にしておきましょう。そして、それを達成するために、短期・中期・長期に分けて目標を細かく設定しておくと、さらに効果的です。

1st STEP

準備

まずは自分のカラダをチェック!

皆さんも一緒に、まずはその場で試してみてください!

あなたの体幹の力が眠っているかどうかをチェックしてみましょう!

ランニングを始める前に、自分のカラダの状態をカンタンな動作でチェックしてみましょう。これでわかるのは、現状の体幹活用度。体幹についてはP26以降で詳しく解説しますが、これから紹介する3つのチェックにおいて、ひとつでもできていないものがあれば、体幹の力が目覚めていないということになります。その状態のまま走れば、足に負担のかかるフォームになってしまい、故障する可能性が高くなるのです。

体幹力を活かすうえで重要なのは、骨盤と肩甲骨。このふたつが、しっかり機能しているかをチェックすることが、ここでのテーマになっています。さて、あなたは体幹を使えていますか?

CHECK ❶

片足で立って、おしりを触ってみましょう

1

左足を軸に、右足を上げて立つ。軸足となっている左側のおしりを左こぶしでたたく。左右逆側も同様に。

2

おしりをたたいたときに、おしりが硬くなっているか、もしくは、やわらかい状態のままかを確認する。

CHECK

おしりは硬かったか？

YES？
NO？

さらにCHECK

片足立ちになった状態から、上げた足を前後に大きく振る。このとき、バランスを崩してフラフラしてしまうのはNG。足を振っても、きちんと安定した姿勢が取れるかをチェックしましょう!

CHECK❷

かかとを10回上げてみましょう

1

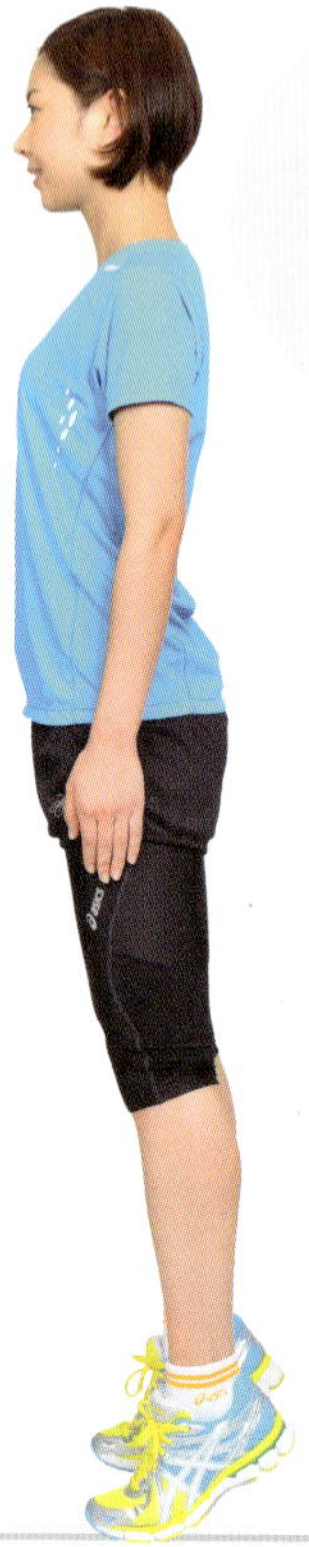

背すじを正した姿勢から両足を肩幅に開き、つま先をまっすぐ前に向ける。そこからかかとを上げて背伸びをする。

2

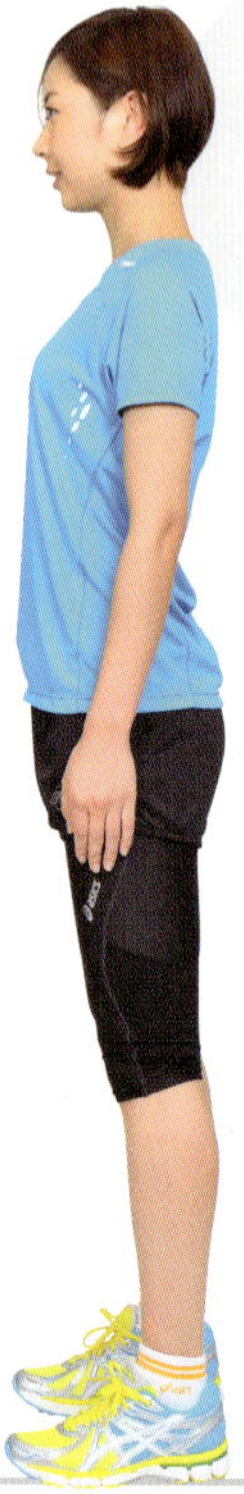

かかとを上げた状態から優しく下ろす。この一連の動作を10回繰り返し、終わった後のつま先の向きを確認。

CHECK

つま先が開いていないか？

YES？
NO？

さらにCHECK

水泳の基本姿勢(ストリームライン)をつくるような感覚で、両手を真上に伸ばして重ねる。その状態から、かかとの上げ下ろしを10回繰り返し、終わった後のつま先の向きをチェックする。

CHECK ❸

手を背中に当て、ひじを触ってみましょう

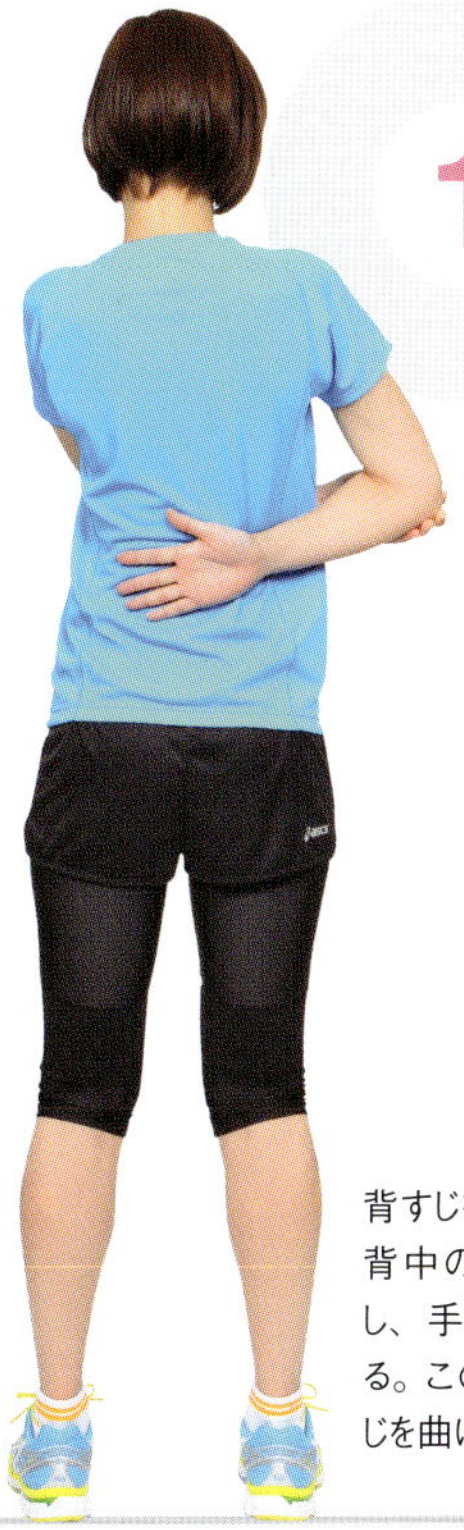

1

背すじを伸ばした状態で、背中の中央に右手を回し、手の甲を背中に当てる。このとき、しっかりひじを曲げる。

2

1と同時に、曲げた右ひじを左手でつかみにいく。左右逆側も同様に行い、両方ともひじに手が届いたかを確認する。

3つのチェック項目で1つでもNOがあった人は、カラダの機能が眠っています！

CHECK

手がひじに届いたか？

YES？
NO？

1st STEP

体幹の知識

ラクに長く走るために必要な体幹の力とは？

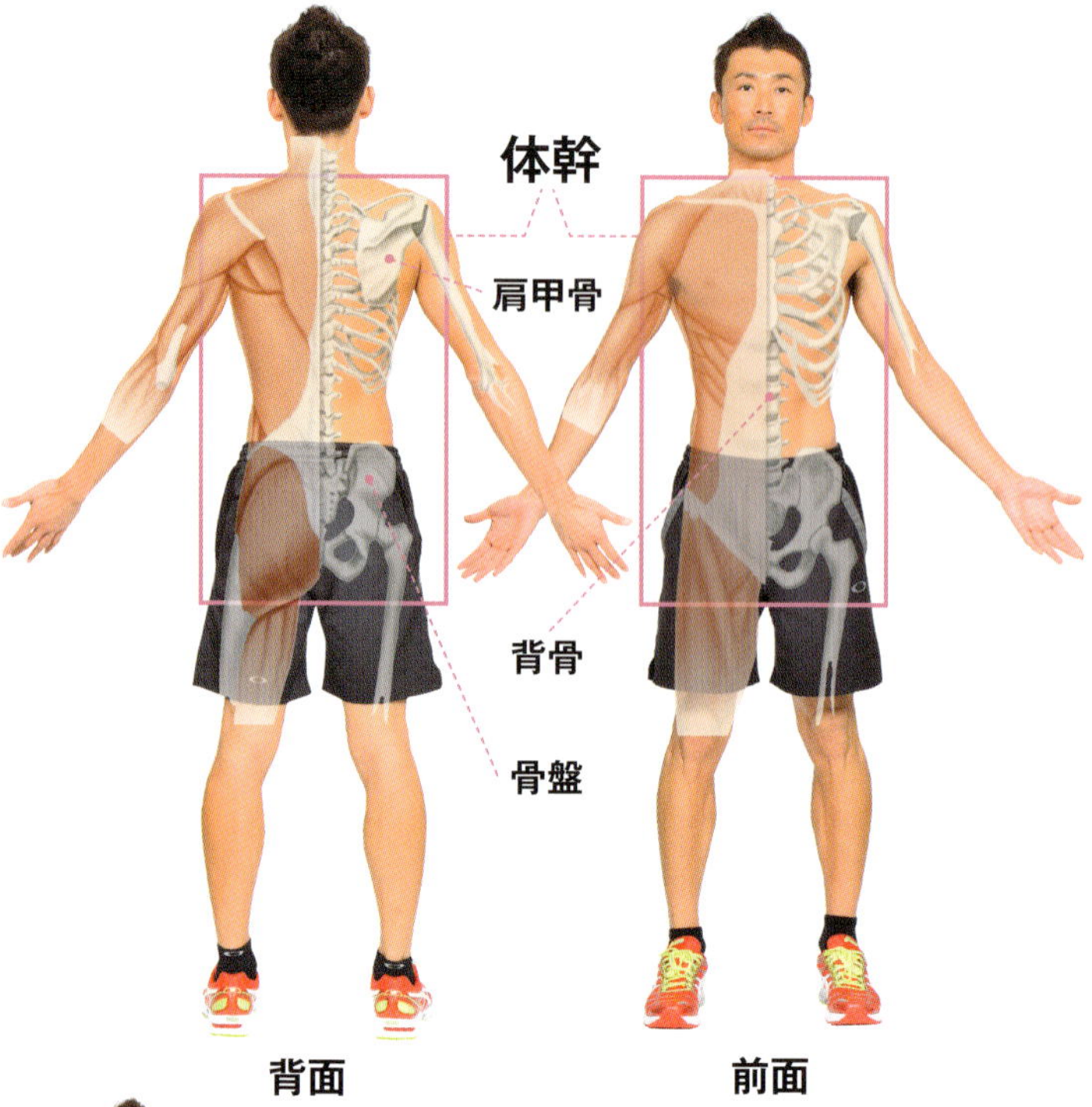

体幹の力を利用すれば、効率よく大きな力を発揮できるんです！

体幹とは、胴体部分のこと。人間のカラダを木に例えるなら、胴体の部分が「幹」であり、手足が「枝」となります。「枝」を動かすなら、「枝」そのものを動かすより、「幹」を動かしたほうがすべてを連動させて動かせるので効率的です。つまり、体幹を動かせば、手足も連動して効率よく動くということ。

しかも、体幹部には大きな筋肉や骨格が集中しており、その分大きな力を生み出せます。足に負担がかからない分、ラクに長く走ることができ、全身が連動するダイナミックな動作によって、速く走ることも可能になるのです。少ないエネルギー消費で大きな力を発揮する、それが体幹を使った走りの特長といえます。

意識するのは3つのポイント

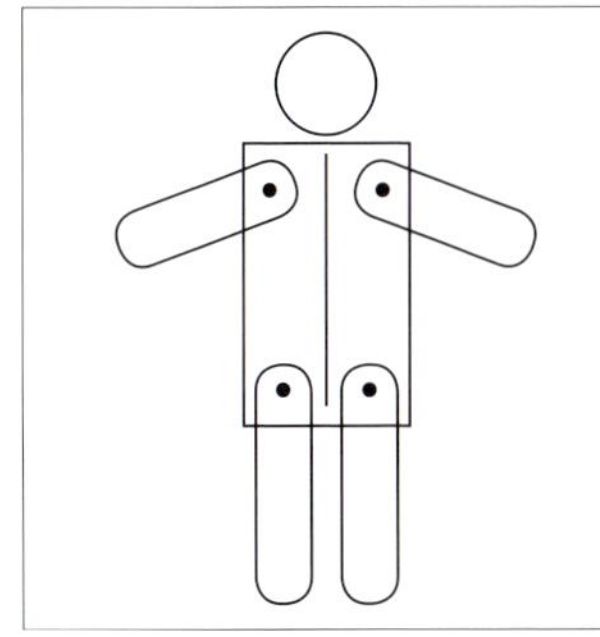

右図のように、手足も体幹部を起点としています。両腕は肩甲骨が、両足は骨盤が起点になっており、肩甲骨と骨盤をいかに動力として稼動させるかが効率のよい走りのポイントになります。また、これらを連動させるために、背骨や腹筋といった軸も重要な役割を果たします。

「骨盤」を土台とし、「背骨」が柱、「肩甲骨」が梁の役割を果たし、これらがすべて安定することで、効率よく走ることが可能になるのです。

体幹で走ることの4つのメリット

❶ 重心移動がスムーズになる

体幹を使うランニングでは、骨盤の前傾が基本。これによって、前に重心が移動しやすくなります。カラダをまっすぐ前傾させることで、着地の反発力をそのまま推進力に変換できるので、スムーズな前進が可能に!

❷ 歩幅が広くなる

体幹を使う走り方では、両足はつけ根ではなく、骨盤から動かしていきます。股関節の可動域が広がるため、とくに意識しなくても自然に歩幅が広くなります。同時に走りがダイナミックになるので、スピードもアップします。

❸ 故障が少なくなる

体幹を使って走れば、全身を連動させる効果によって、着地時の衝撃で受けるカラダの負担を分散させることができます。足にかかる負担が軽減するので、その分、痛みや故障の危険も減少します。

❹ 大きな推進力を得られる

体幹部には背中、腹筋、おしりといった大きな筋肉が集まっています。そこから出力したエネルギーを体幹の連動によってさらに大きな力へと変換できるため、省エネかつ大きな推進力を得ることができるのです。

1st STEP

体幹の知識

肩甲骨を意識する

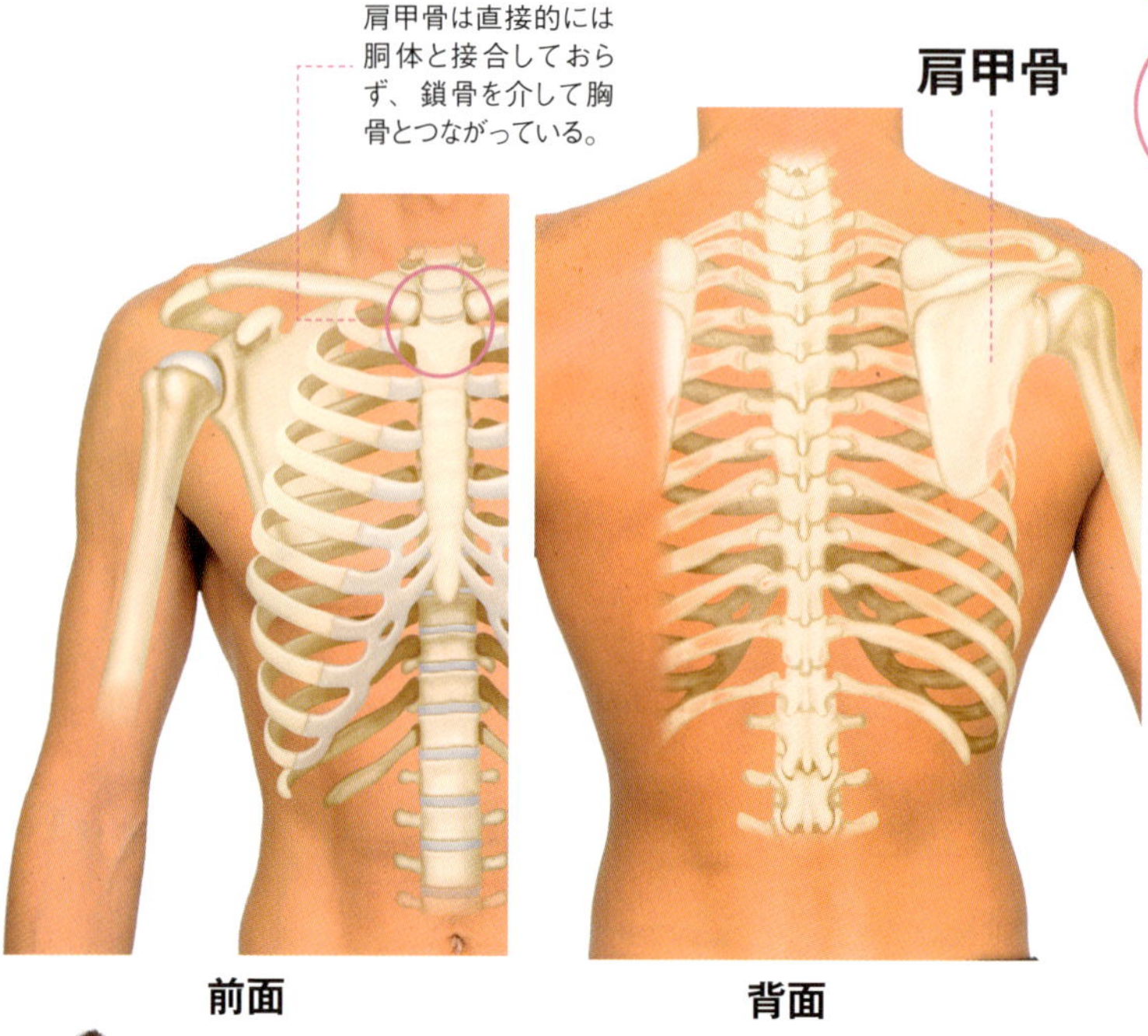
肩甲骨は直接的には胴体と接合しておらず、鎖骨を介して胸骨とつながっている。
肩甲骨
前面
背面

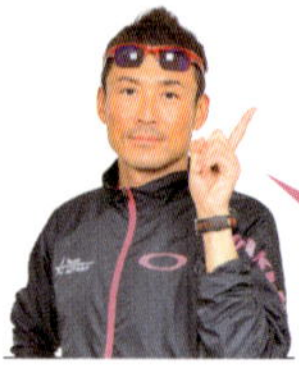

ランニング動作の起点となる肩甲骨。肩甲骨を中心に寄せるイメージで!

肩甲骨とは、両肩の背面にある三角形の形をした骨のこと。ランニングで重要な「腕を後ろに引く」動作から前に進む力を引き出すために、肩甲骨を背中の中心部に寄せるイメージで動かすことが求められます。肩甲骨を動かすことで、周辺の筋肉が動き、その力が背骨などのカラダの軸へと伝わって、上半身と下半身の連動を生み出します。つまり、肩甲骨はランニング動作の起点となる重要な役割を果たしているのです。

また、肩甲骨を中心に寄せることでよい姿勢をキープしたり、腕振りによってリズムをつくるコントローラーの役目も果たしています。まずは、背面の筋肉を呼び覚ますことが大切です。

～ランニングにおける肩甲骨の役割～

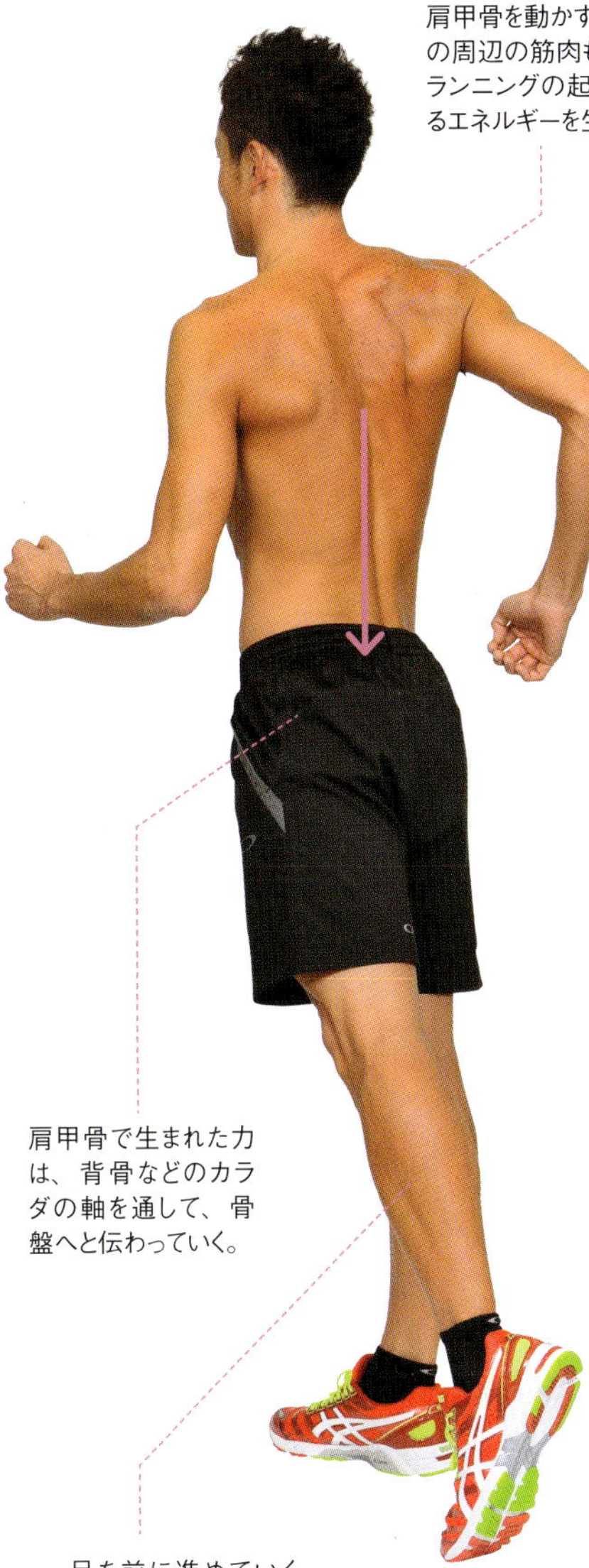

肩甲骨を動かすと、その周辺の筋肉も動き、ランニングの起点となるエネルギーを生む。

肩甲骨で生まれた力は、背骨などのカラダの軸を通して、骨盤へと伝わっていく。

足を前に進めていく歩幅やリズムは、肩甲骨を動かすことでコントロールされる。

❶ 下半身を動かす起点

肩甲骨を背中の中心に寄せるように動かすことで周辺の筋肉も動き、そこで生まれた力が下半身へと伝わります。つまり下半身を動かすエネルギーの起点は肩甲骨にあるのです。

❷ 姿勢の維持

肩甲骨を寄せる動きに連動して、背骨がS字曲線を描く正しい姿勢を維持することができます。また、自然とカラダが前傾することになり、スムーズな重心移動も可能になります。

❸ リズムづくり

腕振りと連動して肩甲骨は動きますが、下半身の動作とも連動しています。つまり、走るときのリズムをつくっているのは肩甲骨であり、歩幅も含む全体をコントロールしているのです。

AOYAMAチェック!

肩甲骨を中心に寄せる

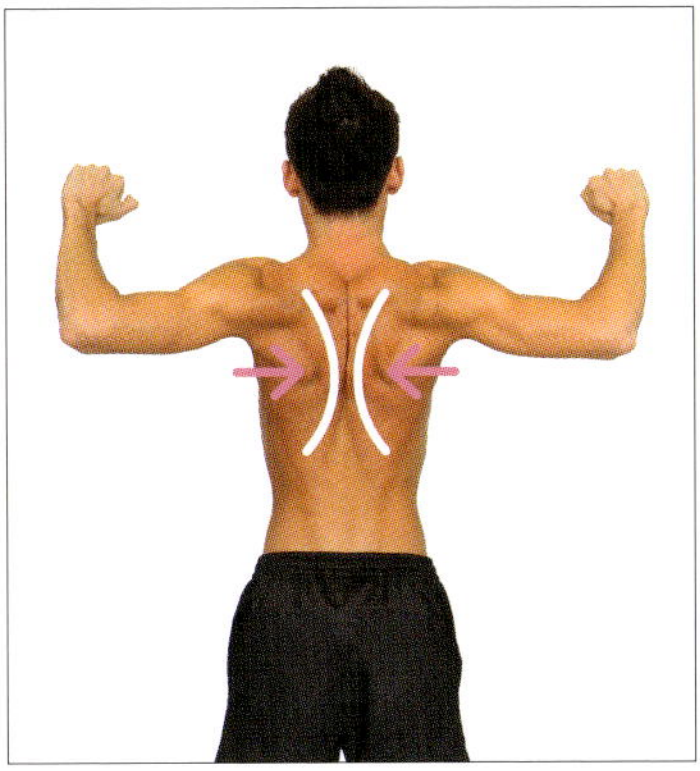

日常生活では前かがみの動作が多いので、背面の筋肉を動かす神経回路が眠ってしまいがち。肩甲骨を背中の中心部に寄せるようなイメージで動かすと、衰えた背面の神経回路を呼び覚ます効果があり、動かすほど可動域も広がっていきます。

1st STEP

体幹の知識

骨盤を意識する

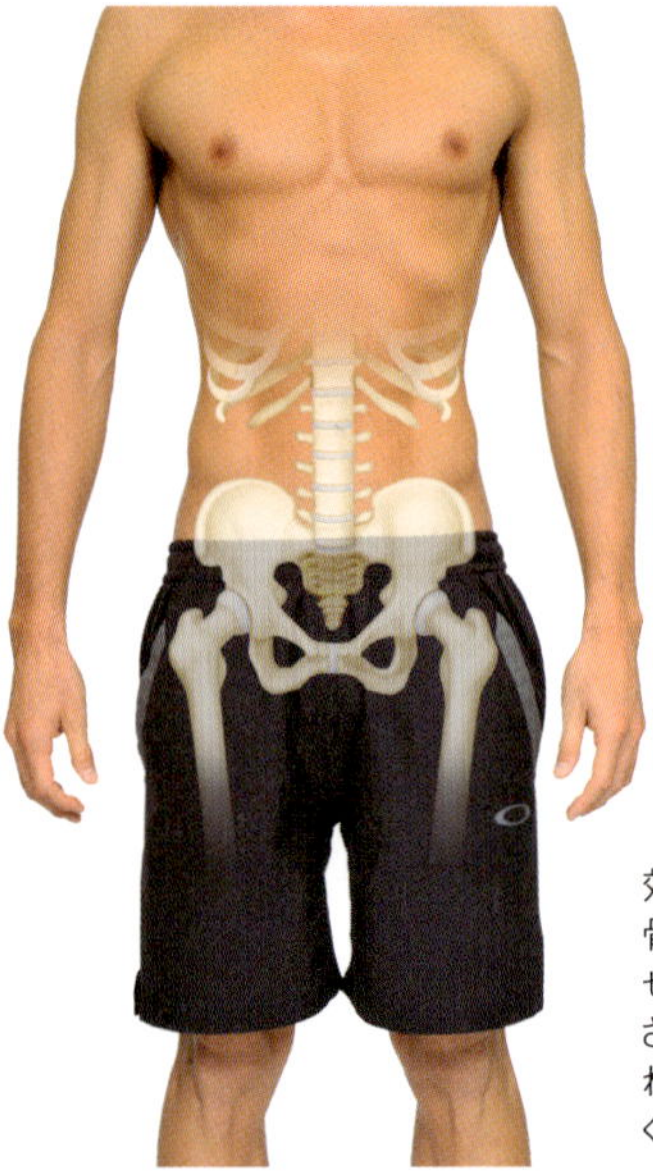

前面

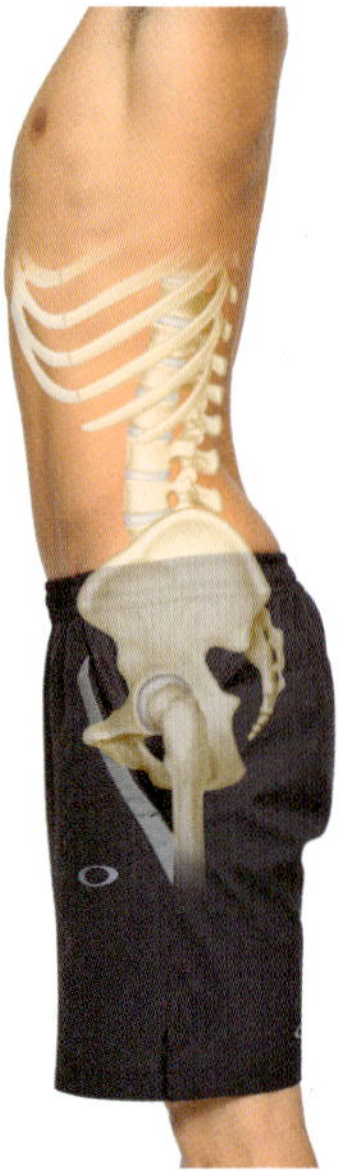

側面

効率的な走りには、骨盤の前傾は欠かせない。骨盤を前傾させると、背骨がきれいなS字曲線を描くよい姿勢になる。

肩甲骨で生み出されたエネルギーを運動動作として展開していくのが骨盤。

骨盤は、背骨の土台となる骨であり、足のつけ根である股関節ともつながる重要な部位です。肩甲骨の動きによって生じたエネルギーを、下半身に伝えていく役割を果たしています。日本人は、一般的に骨盤が後傾している傾向にありますが、ランニングにおいては骨盤を前傾させる必要があります。骨盤を前傾させると、背骨がきれいなS字曲線を描くよい姿勢になり、カラダの連動がスムーズになるので効率的な走りには不可欠。

また、足運びも負担の少ないカラダの真下への着地がしやすくなるため、故障のリスクも減少します。歩幅を広くすることにも大きな影響を与えるため、骨盤の前傾は必須の条件となります。

～ランニングにおける骨盤の役割～

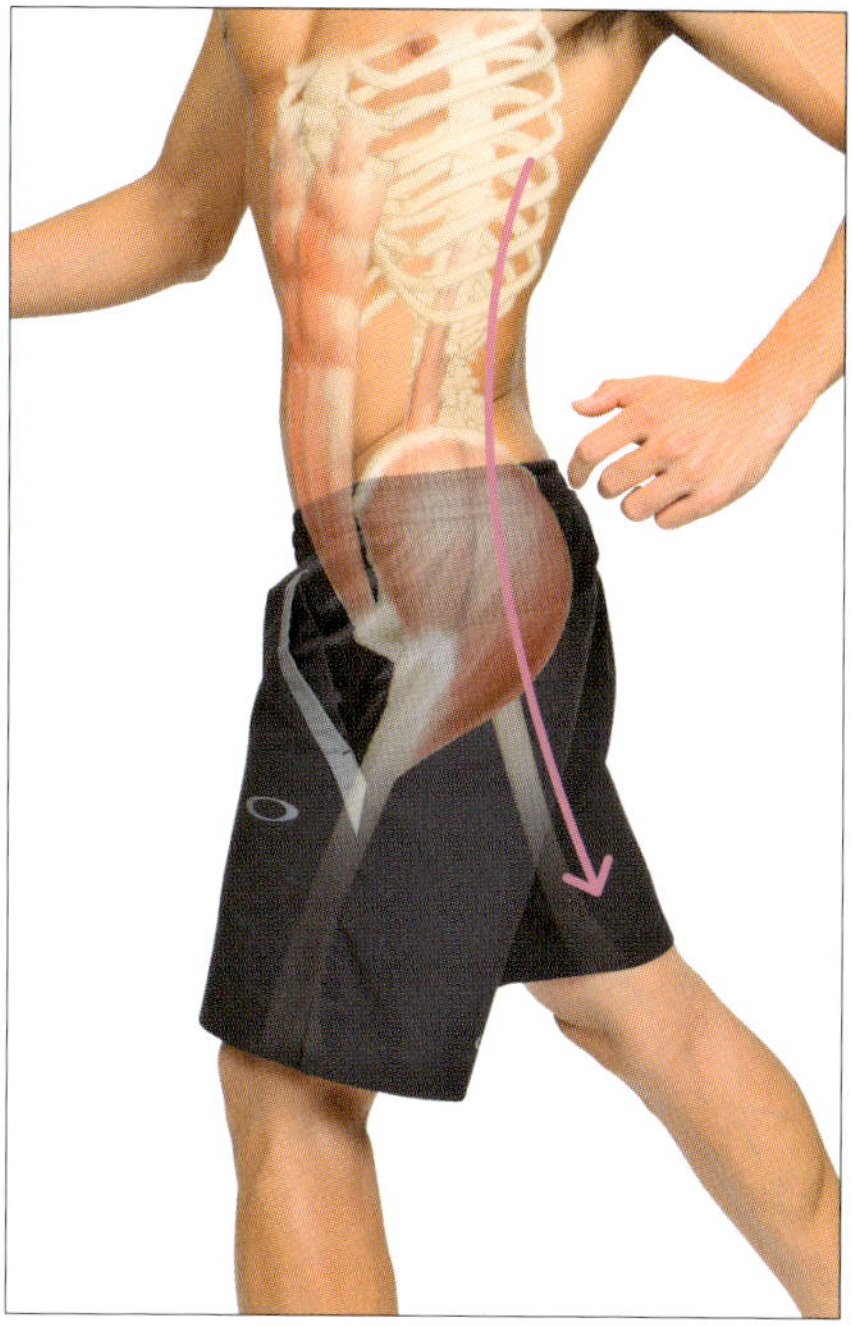

❶ 上半身と下半身を連動させる

肩甲骨によって生み出された力が、背骨を通って骨盤へと伝えられます。骨盤は、そのエネルギーをそこからさらに脚部へと具体的な運動の動作として展開していく役割を果たしています。

❷ 歩幅を広げる

両足をつけ根ではなく、骨盤から動かしていくことで歩幅を広げることができます。骨盤を前傾させることで、足運びもスムーズで負担の少ないフォームになり、歩幅の拡大でスピードもアップします。

❸ 重心を前方に向ける

骨盤を前傾させると、カラダ全体もやや前傾姿勢になります。カラダが前傾すると、重心が前に移動しやすくなり、着地の反発をそのまま推進力に変換しながら、効率よく走ることができます。

なぜ骨盤を前傾させるのか?

二足歩行で歩いたり、走ったりするためには、よい姿勢を維持することが不可欠。背骨をきれいなS字カーブに保ちながら走るには、骨格の構造上、骨盤を前傾させる必要があるのです。また、骨盤を前傾させると、ランニングで車のアクセルのような役割を果たすおしりやもも裏といった背面の筋肉が動員されやすくなります。逆に骨盤が後傾していると、前ももに負荷がかかり、ブレーキの作用が働いてしまうのです。

骨盤が前傾

骨盤が前傾していると、おしりやもも裏の筋肉が動員され、大きな推進力が生まれる。

骨盤が後傾

骨盤が後傾していると、前ももに負荷がかかり、ブレーキの作用が働いてしまう。

1st STEP

体幹の知識

臍《せい》下《か》の一点を意識する

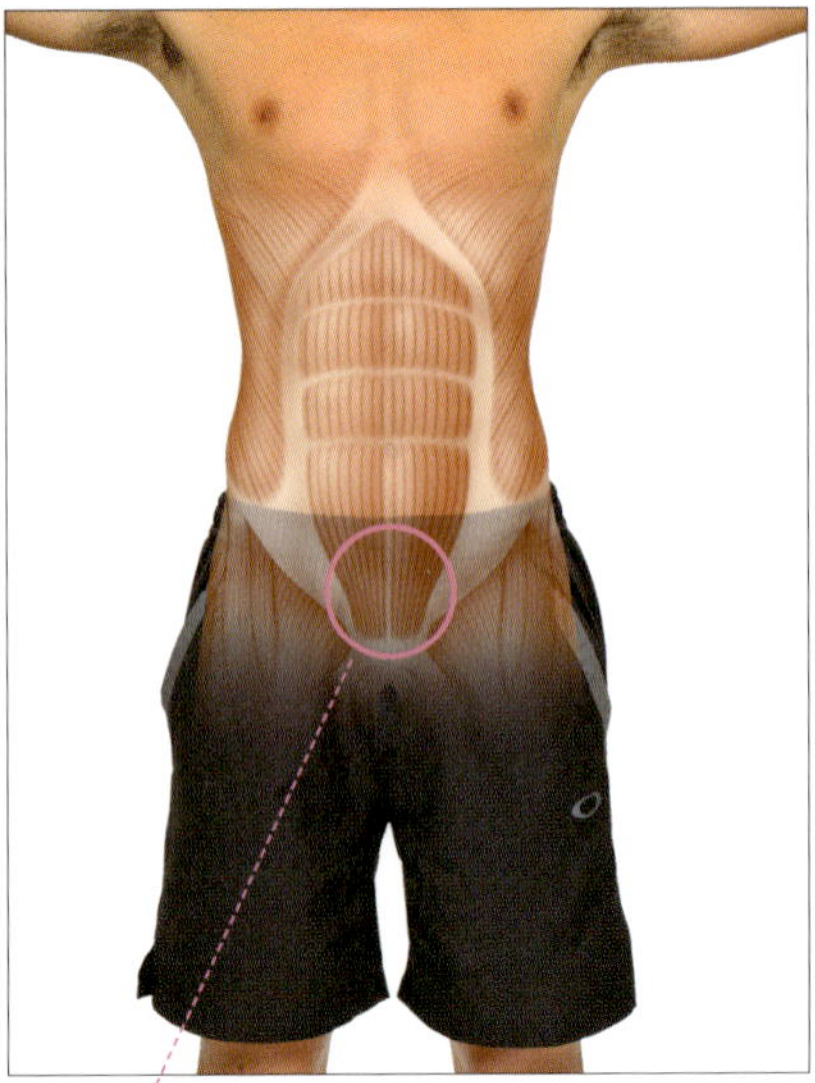

臍下の一点

「臍下の一点」は、意識が定まるところ。心が安定すると、カラダも安定する。

意識を落ち着かせ、心身が安定すれば、ランニングも安定します！

ランニングは、心身の安定が大切。そのため、正しく立つことが必要となるのですが、形ができていてもパフォーマンスが上がらない場合があります。それは、意識が上に上がっているためです。「落ち着く」という言葉がありますが、まさに意識を下に定めれば、バランスが安定し、パフォーマンスもよくなります。

そこでぜひ実践してほしいのが「臍下の一点」を意識すること。これは、「心身統一合氣道」の創始者・藤平光一氏が創見したもので、そこに意識を定めることで、心身を安定させることができるのです。

※参考文献『心を静める』一般社団法人 心身統一合氣道会 藤平信一 著（幻冬舎刊）

AOYAMAチェック！

重心は下にあるほうが安定する

キャリーバッグを例に挙げれば、重いものを上のほうに入れて引っ張ると、バランスが不安定で運びにくいです。逆に重いものを下のほうに入れて、運ぶとバランスが安定し、移動もスムーズになります。これは、ランニングも同様で意識を下に定めると、バランスが安定し、スムーズに移動することができます。心身のバランスは意識に影響を受けやすいので、常に落ち着いていることが大切です。

ランニングは重心移動のスポーツ。重心を安定させ、地面に正しく力を伝えることが重要。

キャリーバッグは重心が下にあるほど、バランスが安定して運びやすくなる。

Question

Q 意識はランニングに関係あるの？

A あります！

心の安定は、カラダの安定につながります。いくら体幹が使えても、心が落ち着いていなければ力を発揮することができません。落ち着きを失えば、心身のバランスが崩れ、地面に力を伝えてもバランスを取るのに力を取られる分、前に進む力が減少します。バランスを欠くと、足で地面を蹴ってしまう形になり、余計に疲れてしまうことに。そのため「臍下の一点」を意識し、心身を安定させるのです。

試してみよう！

「臍下の一点」を意識し、心身を安定させた状態で電車に乗ってみよう。正しく実践できていれば、いつもよりカラダが安定していることが実感できる。

1st STEP
基本姿勢

走るために 正しく立つとはどういうこと？

ニュートラルな立ち姿勢の状態で安定していなければ、当然ランニングも安定しません。ウォークやランを始める前に、正しい立ち方を身につけていなければ、効率よく前に進むことができないのです。では、「正しく立つ」とはどういうことでしょう？　ランニングを「コマ」に例えるなら、走行時はコマが回っている状態。コマの回転を長く安定させるには、回転の軸が安定していないといけません。つまり「正しく立つ」とは、この「軸」をつくることだといえます。

また、よい姿勢は、上半身と下半身の連動や、着地の反発力を推進力に変換させるうえでも重要です。ここでは、正しい立ち方のポイントを解説します。

～正しい立ち方～

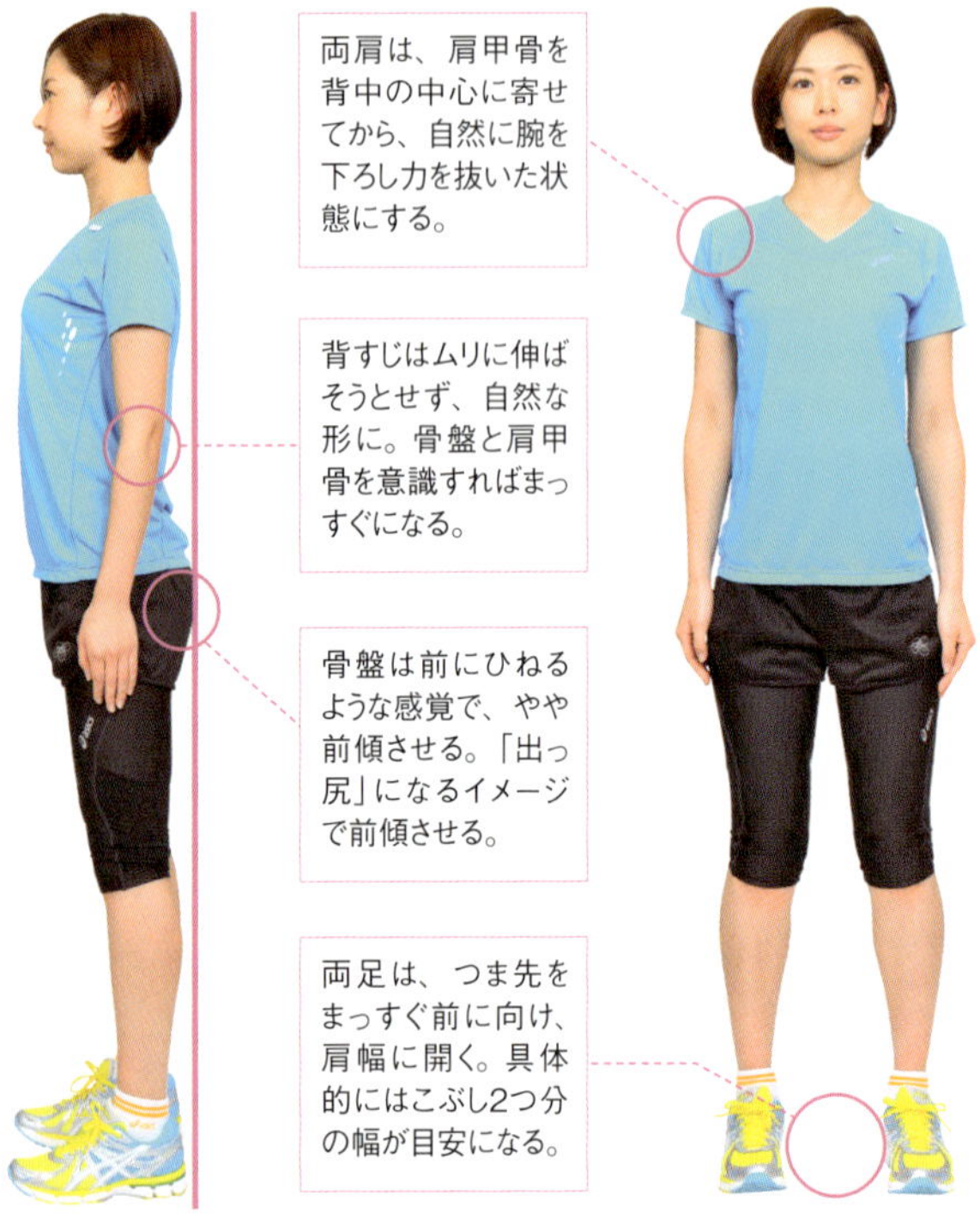
両肩は、肩甲骨を背中の中心に寄せてから、自然に腕を下ろし力を抜いた状態にする。
背すじはムリに伸ばそうとせず、自然な形に。骨盤と肩甲骨を意識すればまっすぐになる。
骨盤は前にひねるような感覚で、やや前傾させる。「出っ尻」になるイメージで前傾させる。
両足は、つま先をまっすぐ前に向け、肩幅に開く。具体的にはこぶし2つ分の幅が目安になる。

～正しい姿勢のつくり方～

STEP 1 両足を肩幅に開き、つま先をまっすぐに

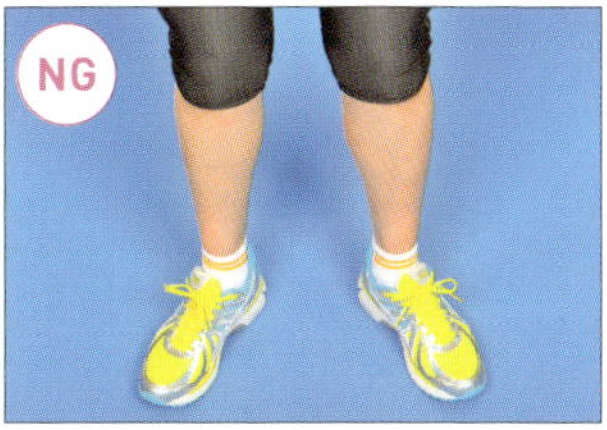

つま先が外側や内側に向くのはNG。この状態で走れば、故障が生じやすい。

つま先がまっすぐ前に向き、ひざとつま先の方向が一致している状態。

まずは、足の位置を正しく設定。つま先をまっすぐ前に向け、こぶし2つ分のスペースに開くと、ちょうど肩幅に開くことになる。

STEP 2 胸を開き、肩の力を抜く

1

次は上半身のつくり方。鉄棒をつかむイメージで、両手でバンザイをする。

2

鉄棒を頭の後ろに持ってくるイメージで、両ひじを曲げる。このとき、肩甲骨が背中の中心に寄り、胸が開いている状態に。

3

2の状態からすっと力を抜いて、自然に腕を下ろす。そこから肩を上下させてみて、いちばん動かしやすい位置に肩を設定する。

STEP 3 かかとを上げて落とす

AOYAMAチェック!

頬がプルプル震える

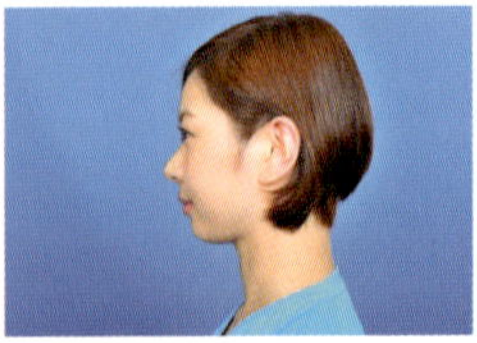

かかとをストンと落としたときに、頬がプルプルと震えれば、カラダに軸が入ったという合図。軸が入ったら、もう一度かかとを上げて、今度は優しく下ろすと、正しい位置に。

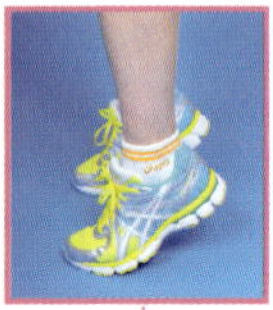

1

次にカラダの軸を調整。両足の拇指球(親指のつけ根)に体重を乗せた状態で、かかとを上げる。

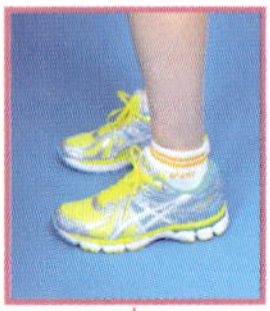

2

かかとをストンと落とし、頬がプルプルと震えたら、もう一度かかとを上げ、そっと下ろす。

STEP 4 骨盤を前傾させる

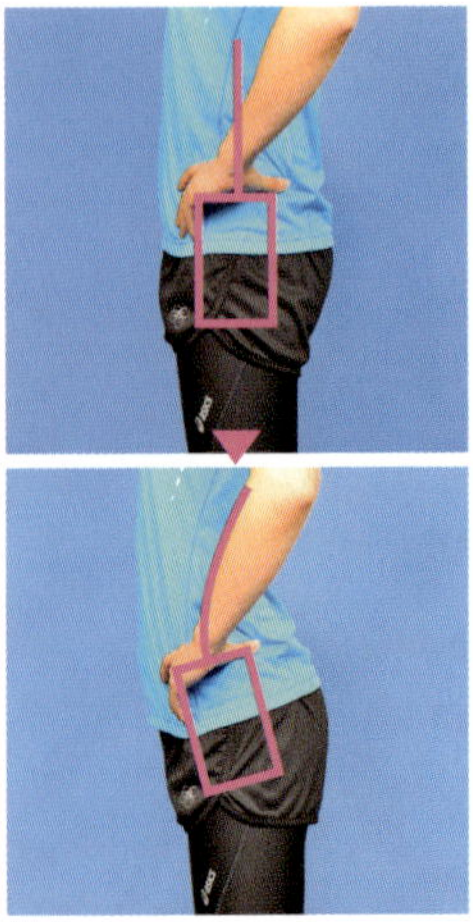

通常の場合、ほとんどは骨盤が後傾している。両手で骨盤を前に返すと、背骨もS字カーブを描く。

1

次は骨盤の位置を正しく調整する。まずは手のひらを下に向け、両手で骨盤をつかむ。

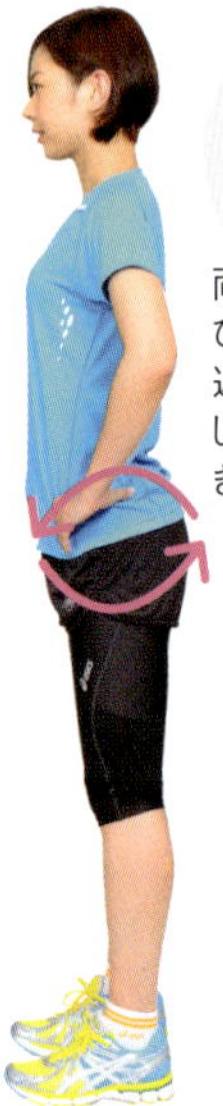

2

両手で骨盤を前にひねるような感覚で返す。骨盤が前傾し、おしりがやや突き出た形に。

STEP 5 臍下の一点に心を静める

試してみよう！

1

「心身統一合氣道」の「氣のテスト」で、実際にカラダの安定感を試してみよう。まずは二人一組になり、被験者は、意識を頭に置く。

2

被験者の意識が頭にある状態で、パートナーが被験者の肩を軽く押してみる。すると、被験者はバランスを崩してしまう。

3

次に被験者は「臍下の一点」に心を静める。すると、心身が落ち着いた状態になる。

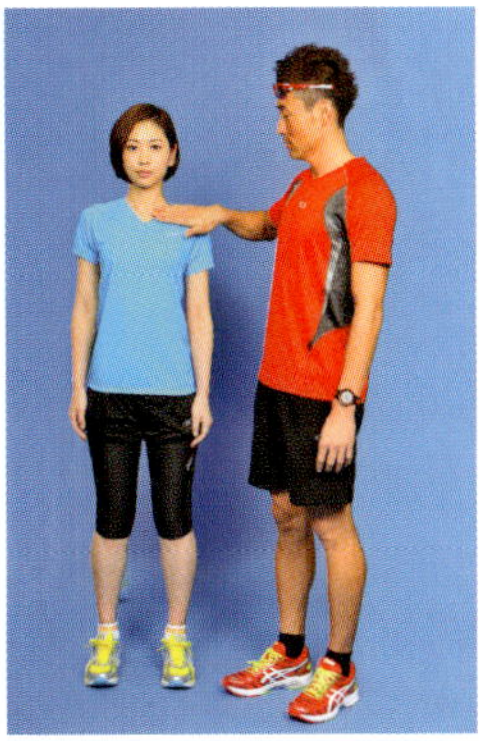

4

再びパートナーが被験者の肩を軽く押してみる。すると、今度は被験者のカラダはバランスを崩すこともなく、安定を保っている。

正しい立ち方の形が整ったら、最後に「臍下の一点」に意識を定める。心を安定させれば、正しい立ち方が完成。

Team AOYAMA ランニングメモリー

Column 01

「三日坊主」の克服

ほんの少しの成功体験によって人の心はポジティブに変わります

物ごとが長続きしない大きな理由は、目標・目的の期限があやふやで、成功体験が少ないことにあると思います。頑張っても成果を得た経験が少ない人は「頑張ってもな～」とネガティブに考えてしまいがち。また、変化を感じ取ってくれる第三者がいるかいないかも大きいです。昔、ある会社で社員全員がマラソンに挑戦することになり、私が指導することになったんです。その中で運動経験の少ないひとりのOLさんがいました。当然彼女は「自分にできるわけがない。でも自分だけ拒否するわけにもいかない」と嫌々参加しているようでした。彼女は、さぞ苦しい練習が待っているものと思っていたようですが、私の指導ではいきなり走らせることはありません。生活の中で階段を使うようにさせたり、体幹スイッチ（P52）だけをやらせたり、正しい準備を心がけた指導法です。彼女は「私にもできそう」と思ったそうです。レースまでは半年。ムリのない練習メニューをこなしていくうちに、彼女はランニングに楽しさを見いだすようになっていきました。そして、レース本番。社員全員が見事に完走し、彼女は感動して泣いていました。できないと思っていたことができたという実感。彼女はいかに自分自身でリミッターを決めていたかを知り、「この経験を仕事にも活かしたい」と私にいってくれました。これがいわゆる成功体験です。この成功の要因としては、目標の期限が決まっていたこと、一緒に頑張る仲間がいたこと、そして正しい準備をしたことにあると思います。三日坊主の克服には、なにより楽しさを感じること。そのために正しい準備が必要となるのです。

2nd STEP

カラダの機能を目覚めさせる「S」

2nd STEP

イントロダクション

どこに効く!? なぜ効く!?
ストレッチ&体幹スイッチ・エクササイズ

ゆがんだカラダを走れる状態に
整える!

基本姿勢をマスターしたら、
次はカラダの機能を目覚めさせます!

前かがみになりがちな生活を送っていると、筋肉がこわばるうえ、使用する筋肉に偏りが生じてしまいます。その状態のまま走り始めてしまうと、効率の悪い走り方になったり、故障してしまったり、いい結果を生みません。

快適なランニングを楽しむには、まずはゆがんだカラダを走れるカラダに整える必要があります。そこで実践してほしいのが2つの「S」。「Stretch（ストレッチ）」と「Switch（体幹スイッチ）」です。ランニングで使用する筋肉を伸ばし、刺激を入れることで、眠っていた機能が目覚め、体幹を使ったムダのないフォームで走ることができます。この2つの「S」は、走る前に必ず行いましょう。

知っておきたい！ ストレッチ＆体幹スイッチの基礎知識

使う筋肉を刺激する

ストレッチや体幹スイッチを行うと、使用する筋肉を刺激します。これは、「これからこの箇所を使いますよ」という信号を送ることであり、カラダの機能を目覚めさせる効果があります。

タイムが伸びる

カラダの機能が目覚めると、省エネで走れるだけでなく、関節の可動域が広がることでフォームもダイナミックになります。すると、意識しなくても自然にタイムがアップするのです。

自然に正しいフォームで走れる

体幹を使ったランに必要な筋肉を刺激すると、その部分が自然に動くようになります。すべての機能が目覚めれば、とくに意識しなくても自然に正しいフォームで走れるようになるのです。

長続きさせたいならマスト！

筋肉を温めることで、筋肉組織が活性化するため、故障が少なくなります。また、エネルギー消費も節約できるので、長くランニングを続けたいなら、2つの「S」は必須です。

走る前に10分行う

ストレッチと体幹スイッチは、走る前に最低でもそれぞれ5分ずつの計10分間は行いましょう。筋肉に十分な刺激を与えたほうが、ランニングの質は高まり、練習の効果もアップします。

時間がないならウォーク＆ランを削る

忙しすぎて時間がない場合は、ストレッチや体幹スイッチを省略するのではなく、むしろウォークやランを削ったほうが、結果的に自分の走りをレベルアップさせることができます。

2nd STEP

ストレッチ

ストレッチの効果とは？

柔軟性を高めることで、さまざまな動きに対応。ケガもしにくくなります！

効率よく走るための第1段階として行うのが、ストレッチです。普段の生活で柔軟性を失った筋肉をゆるめることで、さまざまな動作に対応できるカラダの下地をつくっていきます。ストレッチは、筋肉や関節の可動域を広げるだけでなく、筋肉の温度（筋温）を上げる効果もあり、パフォーマンスの向上に役立ちます。

また、ケガや故障の予防のほか、代謝が上がることでランニングのダイエット効果をアップさせることもできます。筋肉組織間のストレスが軽減されるので、ランニングを長く続けるためには欠かせない運動なのです。ランニング後に行えば、疲労物質を体内から排出でき、翌日に疲れを残さないという利点もあります。

～ストレッチが必要な理由《ワケ》～

1 筋肉の温度が低い

ストレッチを行わないと、筋肉の温度（筋温）が低い状態に。筋温が低いと筋肉の組織間の潤滑性が低下し、組織同士の摩擦が大きくなってしまいます。

2 組織間にストレス

筋肉組織間の摩擦が大きいと、そこに過剰なストレスが発生します。摩擦によるストレスが大きくなると、筋肉の収縮を妨げる作用が働いてしまいます。

3 筋出力が向上しない

摩擦でエネルギーがブロックされ、筋肉の収縮に力が発揮されない状態に。エネルギーを運動に転換していく出力が低下し、ムダな負荷がかかってしまいます。

4 ケガのリスクが高まる

筋出力の低下によって、さらにエネルギーを消費することになり、燃費の悪い状態に。そこにムリが生じてしまうため、ケガのリスクが高まるのです。

ウォーミングアップ&クールダウン

人間のカラダは、急激にエンジンを全開にすると弊害が生じるため、徐々にカラダを温めたり、冷やしたりすることが必要です。そこで、走る前後に行うのがウォーミングアップとクールダウン。青山流は、走る前にストレッチ&体幹スイッチ、走った後にストレッチを行います。次ページから紹介するストレッチを参考に実践しましょう。

マスト!…………このアイコンがついているものは、目的に関わらず走る前後に必ず行っておきたいストレッチ。

走力アップ……このアイコンがついているものは、走力アップしたい人が行っておくべきストレッチ。

立ったまま5分でできるストレッチ

これから紹介するストレッチは、立ったままできるので屋外でも心配なし。18項目すべて行っても5分以内でできるので走る前後に実践しましょう!

走力アップ ❶ 胸&脇

7秒

壁に両手をついて、頭を両肩の間に入れながら、胸や肩関節、脇を伸ばす。このとき、ひじを伸ばしておく。

ココが伸びる!

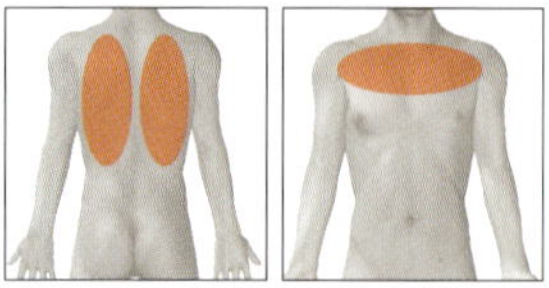

肩甲骨の横、胸の上部や脇の筋肉が伸びます。姿勢の矯正と腕の引きつけをスムーズにする効果があります。

走力アップ ❷ 胸(左右)

左右各 7秒

カラダの斜め後方の上の位置にくるよう、右手を壁につける。右足を1歩前に出し、胸を前に突き出す。左右逆側も同様に。

ココが伸びる!

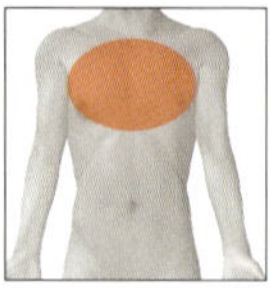

肩を引いて胸を大きく開くことで、大胸筋が伸びます。走るときの姿勢の保持に効果があるストレッチです。

マスト!

③ 肩前&胸

7秒

両手を後ろで組み、肩甲骨を背中の中心に寄せる感覚で腕を伸ばす。同時に胸を大きく開く。

ココが伸びる！

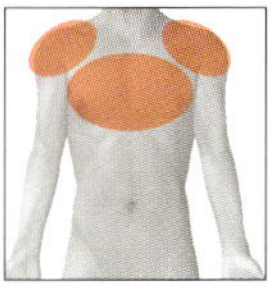

肩の横側にある三角筋や、肩を引いて胸を開く動作で大胸筋が伸びます。肩のリラックスや姿勢保持に効果が。

マスト!

④ 肩前&胸

7秒

③肩前&胸のストレッチの体勢から、上半身を前屈させる。③と同様の箇所が、前屈によってより深く伸びる。

ココが伸びる！

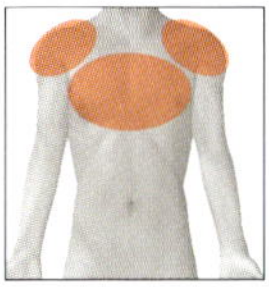

三角筋や肩の周辺にあるインナーマッスル(深層部にある筋肉)群が伸びます。肩甲骨の連動がスムーズに。

マスト!

⑤ 肩横(左右)

左右各 7秒

左ひじを頭の後ろに回し、右手で左ひじを引く。このとき、頭が下を向かないようにする。左右逆側も同様に。

ココが伸びる!

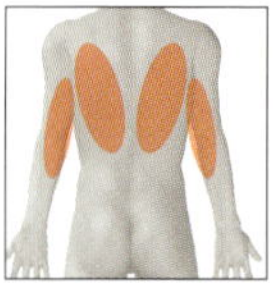

ひじを曲げ、腕を後ろに引くと上腕三頭筋が伸び、肩関節を後ろに引くことで、肩甲骨周辺の広背筋が伸びます。姿勢矯正と腕の引きつけに有効。

マスト!

⑥ 肩横(左右)

左右各 7秒

左手を右方向に寄せて、右手を左ひじに当てる。そのまま右手を手前に引き、左肩のサイドを伸ばす。左右逆側も同様に。

ココが伸びる!

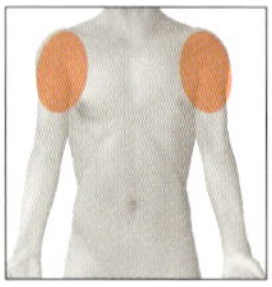

肩関節周辺のインナーマッスル群が伸びます。このストレッチによって、肩関節の位置を修正し、肩甲骨の連動をスムーズにする効果があります。

走力アップ

⑦ 肩甲骨(左右)

左右各 7秒

右手の甲を腰の背中側に当て、右脇に三角形をつくるようにする。

左手で右ひじをつかみ、前方に引っ張る。ひじに手が届かない場合は、服をつかんでもOK。左右逆側も同様に。

ココが伸びる!

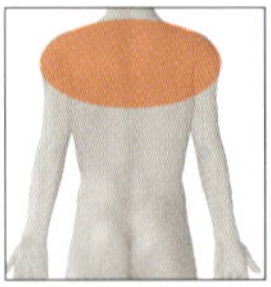

ひじを前方に引く動作で、肩甲骨周辺の筋肉が伸びます。また、肩甲骨の間の部分が伸び、肩のリラックス効果や肩甲骨の連動がスムーズに。

マスト!
⑧ 首横(左右)

左右各 7秒

右側頭部に左手を当て、左手の重みだけで頭を真横に引く。右手は斜め下に伸ばし、手首を内外に交互に回す。左右逆側も同様に。

ココが伸びる!

首横の僧帽筋が伸びることで、胸を開きやすくなります。また、手首の回転で肩甲骨周辺のインナーマッスルが刺激され、可動域がアップ。

走力アップ
⑨ 首後ろ

7秒

後頭部に両手を添え、腕の重みだけであごを下に引いて首の後ろ側を伸ばす。

ココが伸びる!

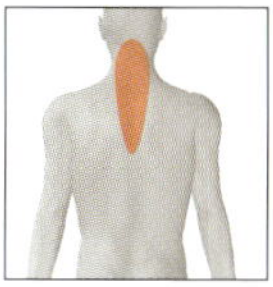

首の後ろから背骨に沿って位置する脊柱起立筋の一部が伸びます。この筋肉を刺激することで、猫背の防止や、首の緊張を緩和する効果が。

走力アップ
⑩ 首前

7秒

あごの下に両手を添えた状態から、あごを上に押し上げ、首の前部を伸ばす。

ココが伸びる!

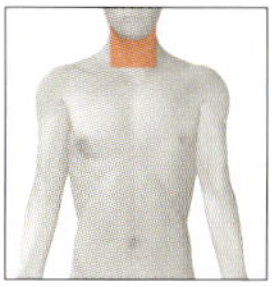

このストレッチでは、首前に位置する胸鎖乳突筋が伸びます。この筋肉を伸ばすことによって、肩の力みなどを防止することができます。

走力アップ

⑪ ふくらはぎ下部（左右）

左右各 7秒

右足を後ろに引いてひざを曲げ、体重を真下にかける。このとき、両つま先はまっすぐ前に向ける。左右逆側も同様に。

ココが伸びる！

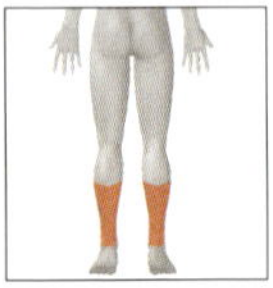

ひざを曲げて体重をかけると、ふくらはぎ下部のヒラメ筋や周辺のインナーマッスルが伸びます。このストレッチは足首の動きを柔軟にする効果が。

マスト！

⑫ ふくらはぎ上部（左右）

左右各 7秒

右足を後ろに引き、右ひざを伸ばしたまま左ひざを曲げる。両手は左ひざの上に。左右逆側も同様に。

ココが伸びる！

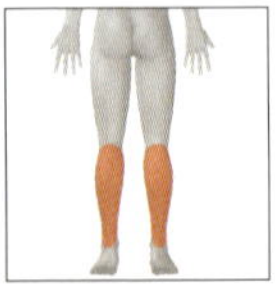

ふくらはぎ上部の腓《ひ》腹《ふく》筋と、ひざ裏にある膝《しつ》窩《か》筋が伸びます。これらの筋肉を伸ばすことによって足首関節とひざ関節の連動が向上します。

マスト!

⑬ 前もも(左右)

左右各 7秒

右足で立ち、左足を左手で引き上げる。このとき、左ひざがカラダ前面より後ろになるようにし、胸も開いておく。左右逆側も同様に。

ココが伸びる!

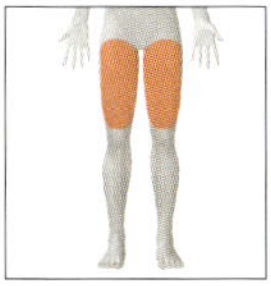

このストレッチで太ももの前面に位置する大腿四頭筋が伸びます。この筋肉を刺激することで、ひざ関節の正しい動きを誘導する効果があります。

走力アップ

⑭ ハムストリングス(左右)

左右各 7秒

左足の前に右足をクロスさせる。右ひざに両手を添え、左ひざを伸ばしたままカラダを前屈させる。左右逆側も同様に。

ココが伸びる!

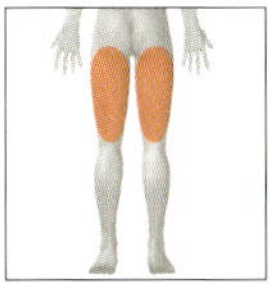

太ももの裏側にあるハムストリングスが伸びます。この筋肉を刺激することで、腰の緊張緩和のほか、姿勢矯正や推進力の増進に効果が。

マスト!
⑮ 腰横(左右)

左右各 **7秒**

右足を左足の後ろにクロスし、左手は腰に、右手は上に上げる。そのままカラダを左方向に曲げ、右側面を伸ばす。左右逆側も同様に。

ココが伸びる！

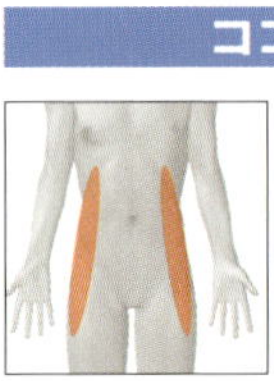

お腹からおしり、太ももの側面に位置する筋肉が伸びます。下半身のバランス向上のほか、呼吸筋の緊張緩和により呼吸がラクになる効果もあります。

マスト!
⑯ おしり(左右)

左右各 **7秒**

右足で片足立ちになる。そこから右ひざの上に左足を乗せ、右ひざを曲げて腰を落とす。左右逆側も同様に。

ココが伸びる！

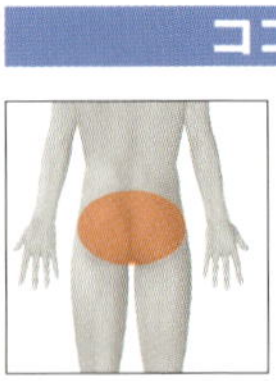

おしりに位置する殿筋群が伸びます。このストレッチは、足をまっすぐ運ぶ動作への誘導や、片足立ちによるバランス向上にも効果あり。

マスト!

⑰ 股関節(左右)

左右各 7秒

右足を前に大きく出し、左足を後ろに大きく引く。左つま先を寝かせ、胸を開いてよい姿勢を維持。左右逆側も同様に。

ココが伸びる！

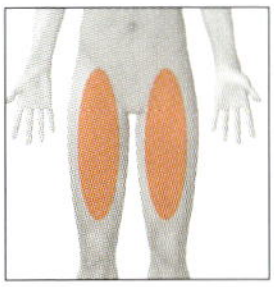

股関節と太ももをつなぐ腸腰筋や太もも前面の縫工《ほうこう》筋などが伸びます。これらの筋肉への刺激は足の内巻きを防いだり、足の引きつけをスムーズに。

マスト!

⑱ 腰&股関節(左右)

左右各 7秒

両足を大きく開いて腰を落とし、両手を両ひざに置く。そこから背すじを伸ばしたまま、左肩を内側に入れる。左右逆側も同様に。

ココが伸びる！

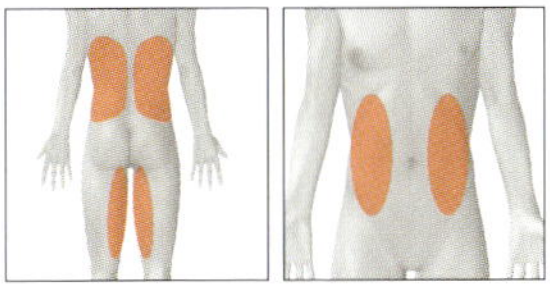

太もも内側の内転筋群や、お腹の横の腹斜筋、肩関節周辺の広背筋などが伸び、肩甲骨から骨盤への連動を促進します。体幹そのものが安定。

2nd STEP

体幹スイッチ

体幹スイッチ・エクササイズの効果とは？

体幹にスイッチを入れて、
カラダの機能を目覚めさせます！

体幹スイッチ・エクササイズとは、その名の通り体幹にスイッチを入れて、眠っている機能を目覚めさせる運動のこと。ランニングの前に使用する筋肉を刺激することで、カラダに正しい動きをクセづけることができます。

体幹スイッチを習慣的に行っていくと、自然に正しいフォームが身につき、ラクに長く走れるようになるのです。タイムを上げたいという人も、ダイナミックかつ省エネのフォームに変化することで、目標達成の確率が高まります。また、カラダの負担も減少するので、ケガのリスクが低くなり、快適なランニング・ライフを過ごすことができます。ビギナーにはとくに実践をオススメします。

～体幹スイッチ・エクササイズ3つのメリット～

❶ 体幹に電源を入れる

使用する筋肉を刺激して、「いい筋肉痛」を起こさせます。筋肉に軽い張りを感じる状態で走ると、その部分の力が動員され、動かすべきところが動くようになるのです。

❷ カラダの負担を軽減

体幹にスイッチが入れば、カラダ全体が連動するようになり、足にかかる負担を分散させることができます。さらに、エネルギー効率も高まり、走りがラクになります。

❸ 正しいフォームが自然にできる

ランニングに必要な部位が、刺激によって正しく動くようになれば、自然と正しいフォームで走れるようになります。ランニング中にムリな修正を行う必要はありません。

ビギナー向け 基本のスイッチ

- ❶上体起こし腹筋 ……… マスト!
- ❷おしり背筋 ……………… マスト!
- ❸足上げ腹筋 …………… 走力アップ
- ❹腰上げ腹筋 …………… 走力アップ
- ❺片手片足背筋 ………… 走力アップ
- ❻かかと上げ …………… マスト!
- ❼ひざ曲げスクワット …… 走力アップ
- ❽おしり突き出しスクワット 走力アップ
- ❾腕前後振り …………… マスト!
- ❿ツイスト ………………… 走力アップ
- ⓫踏みつけ ……………… マスト!

走力を高める レベルアップ・スイッチ

肩甲骨

- ❶肩甲骨寄せ
- ❷肩甲骨上下
- ❸肩甲骨開き
- ❹肩甲骨クロス
- ❺肩甲骨スライド

骨盤

- ❶足スイング前・後
- ❷股関節回し前・後
- ❸足横上げ
- ❹骨盤上げ
- ❺足半円

基本のスイッチのマスト項目は、走る前に必ず1セット行いましょう。マストだけなら5分で終了できます。さらに走力を上げたい人はレベルアップ・スイッチがオススメです!

基本のスイッチ❶ マスト! 上体起こし腹筋 10回

POINT

上体起こし腹筋のポイントは、反動で持ち上げないということ。カウントしながらゆっくり上体を上げ下げし、その際にかかとを浮かせないように行うことが大切です。

1

あお向けに寝て、両ひざを曲げる。両足は肩幅に開いて足の裏を地面につけ、頭は浮かせておく。両手は太ももに。

2

両手を太ももの上にすべらせていく感覚で、8カウントを数えながら、ゆっくり上体を起こしていく。

体幹スイッチ MEMO

10回できなければ走らない!

カラダを支えているのは腹筋とおしりであり、そのうち8割は腹筋の力を使います。これが10回できないと、腹筋の力が弱いため、足でバランスを取るクセがつき、肩甲骨と骨盤が連動しにくくなります。10回できるまでは走るのは避けたいところ。

できない人はコレ！

腹筋が弱くてできないという人は、腰の下にクッションを敷くとよいでしょう。クッションを使うと、上体を起こしやすくなります。

3

ちょうど「8」を数え終えるタイミングで、上体が起きた状態に。両手は正面に伸ばしておく。

レベルアップ！

カンタンにできてしまう場合は、両手を胸の前でクロスさせて行います。負荷を少しずつ上げていきましょう。

今度は4カウントを数えながら、ゆっくり上体を倒していく。終始、かかとが浮かないように注意すること。

4

5

ちょうど「4」を数え終えるタイミングで元の姿勢に。頭は浮かせたまま。この一連の動作を10回繰り返す。

ランニングへの効果

姿勢維持
上半身と下半身の連動

体幹の軸を正しく維持するには腹筋の力が不可欠。この軸がよい状態で維持されないと、肩甲骨で生み出した力が骨盤へと伝わりづらくなります。結果、足でカラダを支えることになるため、カラダの負担が大きくなります。ラクに走るためには、腹筋でバランスを取ることが大切。

基本のスイッチ❷
マスト！

おしり背筋

20回

1

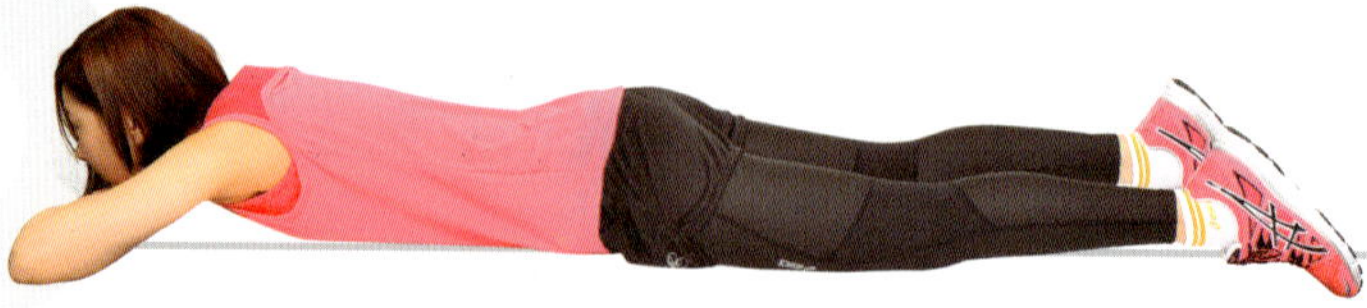

うつ伏せになって、両手を顔の下に重ねて置く。その状態であごを両手の上につける。全身の力を抜いてリラックス。

2

全身の力を抜いた状態から、おしりに力を入れ、足を上げる。再び脱力して足を下げ、一連の動作を20回繰り返す。

NG

あごが上がっているせいでおしりに力が入っておらず、ひざを曲げて足の力で上げている。

POINT

おしり背筋で重要なのは、足で上げないということ。おしりに力を入れた結果、足が上がり、脱力して足が下がるという感覚で行いましょう。あごも上げないように注意！

体幹スイッチ MEMO

おしりに力が入る感覚を確認する

おしりに力が入る感覚がわからない場合は、おしりに指を当てて、それを押し返すつもりで力を入れてみましょう。おしりが硬くなっているはず！

ランニングへの効果

アクセルがかかる

おしりはアクセルの役割。着地したときに、おしりに力が入るようになれば、自然に足が後ろに行き、カラダが前に運ばれます。

基本のスイッチ❸
走力アップ

足上げ腹筋

20回

1

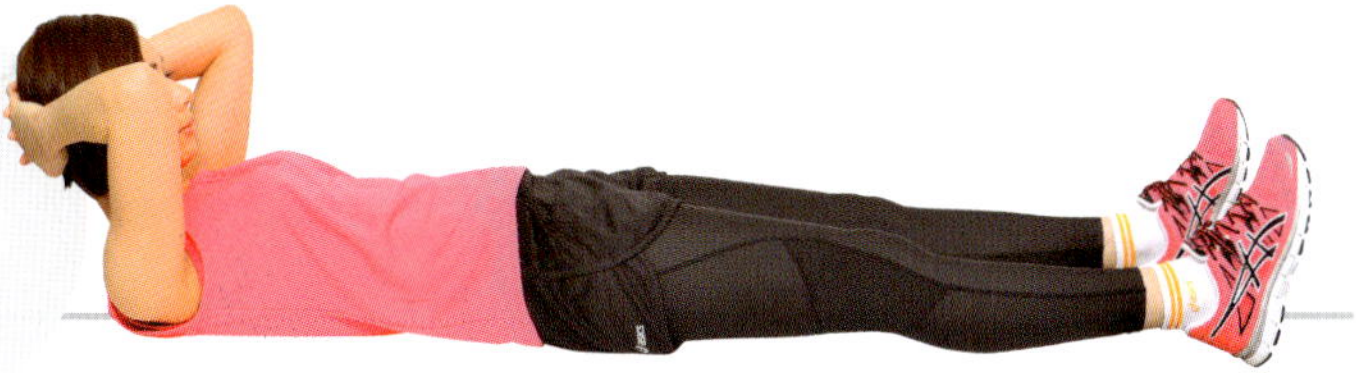

あお向けになって両足を伸ばし、両手で頭を抱える。
下腹部に意識を置いておく。

2

下腹部に瞬間的に力を入れる感覚で、「ポン」と足を40cmほど上げる。
次に脱力して足をゆっくり下げる。一連の動作を20回繰り返す。

POINT

ポイントは、脱力した状態から下腹部に力を入れ、「ポン」と足を上げ、ゆっくり足を下ろしながら脱力すること。下腹部に指を当てて力を入れる感覚を確認するとよいでしょう。

頭を床につけているため、背中が反っている。瞬間的な力が入らず、腰痛の原因にも。

体幹スイッチ MEMO

できない人は足に負担がかかる

「ポン」と足が上がらない場合は、下腹部ではなく、足の筋肉でピッチを速めようとします。足に負担がかかる分、疲れやすいのです。

ランニングへの効果

効率のよい足さばき ピッチを上げる

ランニングはストライド（歩幅）とピッチ（テンポ）の掛け算。足上げがうまくできると足の回転がよくなり、ピッチが上がります。

基本のスイッチ❹ 走力アップ

腰上げ腹筋

20回

レベル1

1

あお向けになって、太ももを上に上げてひざを曲げる。お腹と太ももの角度は約90度。両手は柔道の受身のように床につけ、頭は浮かせておく。

2

足の力が抜けている状態から、両手で床を押しながら、お腹に力を入れて腰を上げる。このとき、足の反動を利用しない。一連の動作を20回繰り返す。

体幹スイッチ MEMO

最初はできない人が多い

このエクササイズは、最初のうちは「足の反動を利用せずに腰を上げる」という感覚がわからない場合がほとんど。骨盤を動かしたり、足を引き上げたりする腸腰筋を活性化させることが目的ですが、感覚が身につくまでは、両手で床を押して動作感覚を養いましょう。

レベルアップ！

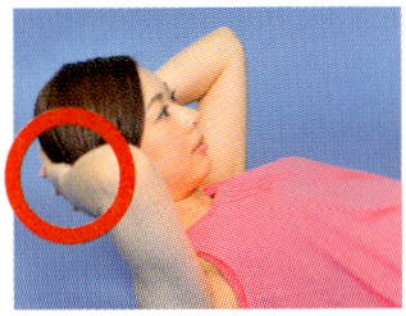

レベル1でお腹に力を入れて腰を上げる感覚が身についたら、両手で頭を抱え、床を押さずに腰を上げてみましょう。このときも足の反動は使いません。

レベル2

あお向けになって、太ももを上に上げてひざを曲げる。お腹と太ももの角度は約90度。両手で頭を抱えておく。

1

2

お腹に力を入れて腰を上げる。このとき、足の反動を利用しない。一連の動作をテンポよく20回繰り返す。

ひざを伸ばして、足の反動で腰を上げようとしている。これではまったく意味がない。

NG

ランニングへの効果

骨盤をスムーズに動かす ストライドを伸ばす

腰上げ腹筋によって、骨盤がスムーズに動かせるようになると、足のつけ根からではなく、骨盤から足が出るようになります。股関節を中心としたコンパスのつなぎ目の位置が高くなり、ストライドの幅がさらに広くなるのです。足の負担が少なく、自然な形で走りがダイナミックになります。

基本のスイッチ❺
走力アップ

片手片足背筋

左右各10回

1

よつんばいになって、顔は前方に向けておく。両手は肩の真下につくようにする。

2

背中を丸めながら、
右ひじと左ひざを引きつける。

POINT

手足は対角にまっすぐ伸ばし、1回ごとに静止させます。腕や足の力ではなく、肩甲骨とおしりを意識して行うとラクに静止できます。

3

肩甲骨を遠くに伸ばし、おしりに力を入れる感覚で、右手と左足を前後に伸ばす。一連の動作を10回繰り返し、10回目で静止して10カウント数える。左右逆側も同様に。

体幹スイッチ MEMO

ピタッと静止できればスイッチON

このとき、手足の力で行うとピタッと静止できません。これまでの4つのエクササイズで体幹にスイッチがしっかり入っていれば、静止できます。

ランニングへの効果

上半身と下半身を連動させる

片手片足背筋は、推進力を担う体幹部の裏側にスイッチを入れるのが目的。上半身と下半身の連動がスムーズに。

基本のスイッチ❻ マスト!

かかと上げ

30回

※かかと上げは体幹に直接作用しない「体幹力引き出しスイッチ」です。

1

P34の正しい立ち方の要領で、両足を肩幅に開き、リラックスした状態で立つ。このとき、視線は正面に向けておく。

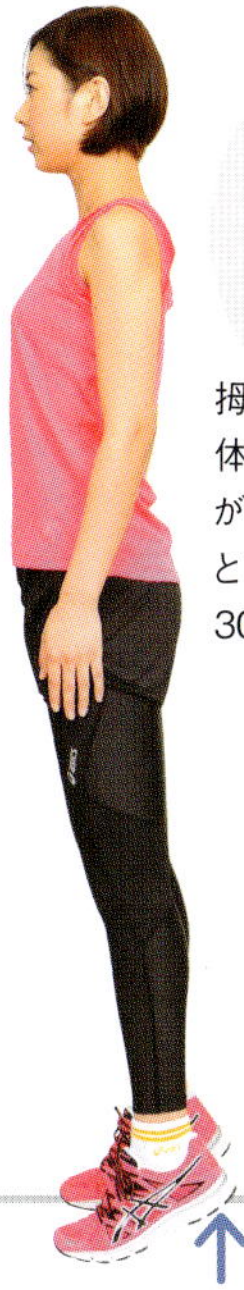

2

拇指球(親指のつけ根)に体重が乗るように意識しながらかかとを上げ、ゆっくりと下ろす。一連の動作を30回繰り返す。

NG

重心が外側に乗っている。

OK

POINT

重心は拇指球に乗せます。重心がぶれていると、つま先の位置が外に開いたり、内側に閉じたりしてしまいます。かかとを上げ下げした後もつま先がまっすぐ向くように。

体幹スイッチ MEMO

拇指球に体重を乗せるクセづけを!

現代生活では拇指球に重心を乗せる機会が減っているためクセづけが必要。靴の上から指で突いて拇指球にサインを送って行うとよいです。

ランニングへの効果

スムーズな重心移動

着地時の重心は、かかと外側から入り、拇指球、親指へと抜けていきます。拇指球に乗れば、重心移動がスムーズに。

基本のスイッチ❼
走力アップ

ひざ曲げスクワット

20回

※ひざ曲げスクワットは体幹に直接作用しない「体幹力引き出しスイッチ」です。

1

P34の正しい立ち方の要領で、両足を肩幅に開き、リラックスした状態で立つ。このとき、視線は正面に向けておく。

2

つま先と同じ方向を向くように、両ひざをまっすぐ曲げて腰を落とす。素早く元の体勢に戻り、一連の動作を20回繰り返す。

POINT

ポイントは、ひざの向きをつま先の向きと一致させること。最初にひざを曲げたときに、自分のひざでつま先が隠れていることを目で確認してから行うとよいでしょう。

体幹スイッチ MEMO

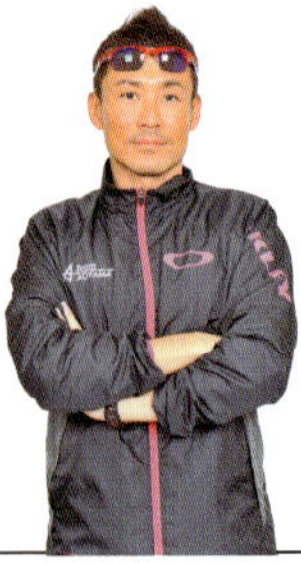

ひざが痛む人はマストで行う!

ひざの出る向きとつま先の向きが一致しないと、ひざにかなりの負荷がかかってしまいます。たとえば、つま先が外側を向いた状態で、ひざが内側に出ると、そこでねじれが生じてひざの内側に負荷がかかります。ひざの外側に負荷を感じる場合は、その逆ということ。いずれかに負荷が偏ると、重心移動が遅くなり、故障のリスクも高まります。もし、ひざが痛むという人は、このケースが多いので、ひざ曲げスクワットをマストで行いましょう。つま先とひざがまっすぐ出るようにクセづけることが、負担軽減につながるのです。

背中が丸くなり、骨盤が後傾した状態になっている。このような姿勢で行うと、体幹にスイッチは入らない。

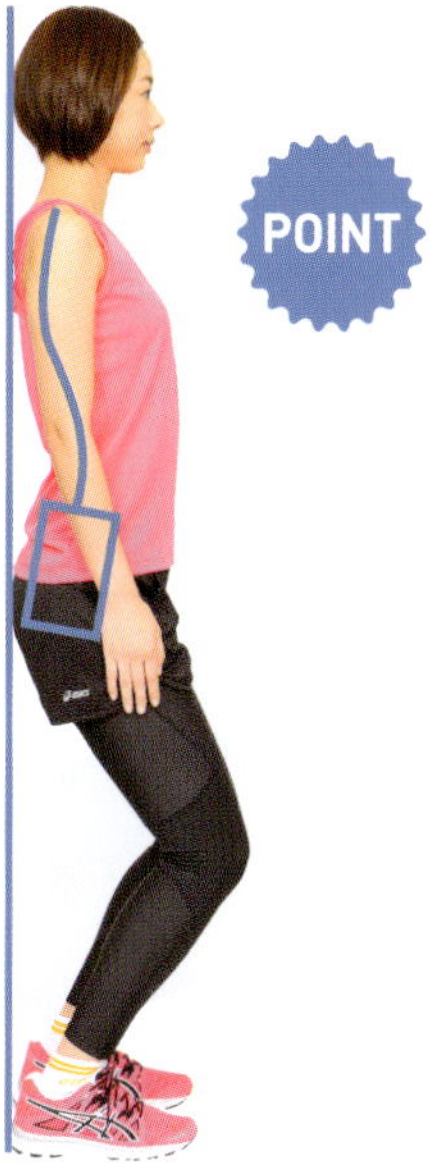

ひざを曲げて腰を落とすときは、体幹の軸もまっすぐ維持することが大切。骨盤をしっかり前傾させて、体幹のラインが崩れないように行いましょう。猫背で前のめりになったり、腰を曲げて前傾姿勢になったりしてはいけません。視線を正面に向けたまま、骨盤を前傾させたよい姿勢をキープしましょう。

ひざの向きが悪いと負担の大きい走りになります！

ひざが内側を向いてしまった走り方。ひざの内側に負担がかかり、重心移動も遅くなる。

つま先はまっすぐ向いていても、ひざが外側に開いたり、内側に閉じたりしている。エクササイズ中にこの状態であれば、走りにも悪影響が生じてしまう。

ランニングへの効果

スムーズな重心移動

つま先と同じ方向にひざが出れば、重心移動がスムーズになり、負担の少ない効率的な走り方になります。つま先がやや外側に向いてしまう場合でも、同じ方向にひざがまっすぐ出ていれば問題はありません。着地の衝撃を分散させるためにも、スムーズな重心移動は欠かせない要素です。

基本のスイッチ❽
走力アップ

おしり突き出しスクワット

30回

1

P34の正しい立ち方の要領で、両足を肩幅に開き、リラックスした状態で立つ。両手を股関節につけ、視線は前方のやや上に。

2

小指を挟み込むように、おしりを突き出してひざを曲げる。視線を下げず、骨盤の前傾を維持し、すぐに1の姿勢に戻る。一連の動作を30回繰り返す。

できない人はコレ！

どうしても動作のバランスが取りづらいという場合は、両手を前方にまっすぐ出して行うとやりやすくなります。おしりの下に刺激を与えることが第一！

POINT

ポイントは、おしりを突き出してひざを曲げたとき、ひざが前に出ないようにすること。おしりを突き出したときに、おしりの下1cmの部位に張りを感じるのが正解。

体幹スイッチ MEMO

姿勢の維持がいちばん大事！

背中が丸くなると、正しくスイッチが入りません。視線を下げないように行い、骨盤を前傾させた状態でおしりを突き出すようにしましょう。

ランニングへの効果

アクセルがかかる

おしり下約1cmの筋肉がランニングのメインアクセル。ここにスイッチが入ると、大きな推進力を生み出せます。

基本のスイッチ❾ マスト!

腕前後振り

30回

2

腕を指先までまっすぐ伸ばし、上の手の親指は後ろ、下の手は小指が後ろに来るように大きく振る。一連の動作を30回繰り返す。

1

P34の正しい立ち方の要領で立ち、両ひじを伸ばしたまま、腕を前後に大きく振る。

NG

ひじを曲げてしまうと、肩甲骨が動かない。ただ単に振るだけでは肩甲骨は活性化しない。

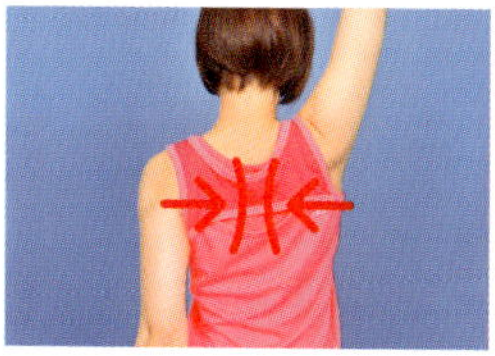

POINT

大切なのは、肩甲骨をしっかり動かすこと。腕を指先まで伸ばし、肩幅の範囲内で腕を前後に大きく振ります。肩甲骨を背中の中心に寄せるように行いましょう。

体幹スイッチ MEMO

100を動かし、10を引き出す!

エクササイズでの肩甲骨の動きを100とすれば、実際の走りでは10程度の動きに。大きな10を引き出すには、100を大きく動かします。

ランニングへの効果

骨盤へ力を伝える起点

肩甲骨はエネルギーを生み出す起点。ここにスイッチが入れば、より大きな力を骨盤へと伝えることができます。

基本のスイッチ⑩
走力アップ

ツイスト

各20回

～ステップ1　両腕を水平に～

1
両足をそろえて立ち、骨盤を前傾させたよい姿勢を保ちながら、両腕を水平に構える。

2
両腕を水平に構えたまま、骨盤を右にひねり、カラダをツイストさせる。

3
さらに逆側の左に骨盤をひねり、カラダをツイスト。この一連の動作を20回繰り返す。

体幹スイッチ MEMO

腕を低い位置で後ろに引けば骨盤が回転しやすい！

ツイストの目的は、骨盤の動作感覚を養うことと、腕振りの位置を見つけること。ステップ1は骨盤の回転だけを意識し、ステップ2は、腕の反動を利用して骨盤を動かす感覚を体感します。ステップ3は肩幅の範囲内で腕を振り、骨盤をひねりやすい位置が、自分の腕振りの位置となります。腕は低い位置で後ろに引くと骨盤が回転しやすいことがわかるでしょう。

～ステップ2　両腕を斜め下に～

1

ステップ1と同様によい姿勢を保ちながら、今度は両腕を斜め下に構える。

2

両腕を斜め下に構えたまま左に振り、同時に骨盤を右にひねる。

3

さらに両腕を右に振りながら骨盤を左にひねる。一連の動作を20回繰り返す。

～ステップ3　腕振りの位置に～

1

ステップ1と同様によい姿勢を保ちながら、今度は両腕を腕振りの構えに。

2

ランニング時のように腕を振りながら、骨盤を右にひねってツイスト。

3

さらに逆側の左に骨盤をひねってツイスト。この一連の動作を20回繰り返す。

ランニングへの効果

上半身と下半身を連動させる 足への負担を軽減

肩甲骨や骨盤が動いても、それらを連動させなければ、体幹の力を発揮することができません。ツイストによって上半身と下半身を連動させる感覚が身につき、さらに体幹の力によって骨盤につながる足も連動させることができます。体幹を連動させることで、足への負担が少ない走りが可能に。

基本のスイッチ⑪ マスト!

踏みつけ

各10回

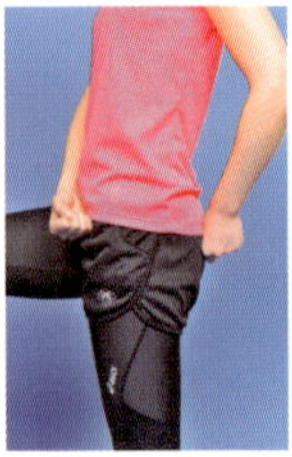

POINT

ここで確認するのは、拇指球に重心が乗っていることと、おしりと腹筋が硬くなっているかということ。トントンたたいたときに、おしりと腹筋がカチカチならOK。

ステップ1 確認

左右いずれかの足を上げ、片足立ちに。軸足側の手でおしりを、逆の手でお腹をたたいて、力の入り具合を確認する。左右逆側も同様に行い、計10回繰り返す。

ステップ2 1回踏みつけ

次に、1回ずつ「ドン」「ドン」と足の左右を入れ替えながら踏みつけを行い、腹筋、おしり、拇指球の3点を確認。10回繰り返す。

体幹スイッチ MEMO

ふらつかなければスイッチON!

踏みつけは、これまでの体幹スイッチをクリアしていなければできません。片足で体重を地面に正しく伝えられるか、片足でバランスを取れるかの確認が主な目的です。ふらついてしまう場合は、体幹にスイッチが入っていません。拇指球に体重が乗り、腹筋とおしりにしっかり力が入っていれば、ふらつくこともなく、体幹が目覚めている証拠となります。

ステップ3 腕振り踏みつけ

1

今度はランニングのように腕振りをつけながら、踏みつけを行ってバランスを確認する。

2

足の左右を入れ替えながら、連動して腕を振り、ふらつかないようにして10回繰り返す。

NG

POINT

左写真のようにバランスが崩れてしまうのは、拇指球、腹筋、おしりの3点に同時に力が入っていないため。これまでの体幹スイッチを継続して行うことが必要です。

NG

骨盤を後傾させ、前のめりに姿勢が崩れている。体幹にスイッチが入っていない状態。

ランニングへの効果

体幹を使ったランの総合的な準備確認

踏みつけができれば、片足ずつ地面に安定して力が伝えられている証拠。踏みつけは、ランニングへの直接的な効果というより、これまでのエクササイズで体幹にスイッチが入り、使える状態になっているかの総合的な確認作業といえます。体幹ランの準備が整えば、あとは自然に走るだけ!

2nd STEP

体幹スイッチ

さらに速くなる！ 肩甲骨&骨盤 レベルアップ・スイッチ

さらに速くなるために！

肩甲骨と骨盤の動きをさらに活性化させれば、走りも飛躍的に伸びます！

ここからはレベルアップ編の体幹スイッチを紹介します。注意してほしいのは、レベルアップ・スイッチを行う条件として、基本編をしっかりマスターしてほしいということ。基本のスイッチができていなければ、これを行っても力を連動させることができません。まずは基本のスイッチを徹底させましょう。

レベルアップ・スイッチは肩甲骨と骨盤に特化したプログラム。これらの動きをさらに向上させれば、フォームがよりダイナミックになり、意識しなくてもスピードがアップするようになります。基本編と併用して日々継続させると、少しずつ自分の走りが進化していくのを実感できるでしょう。

肩甲骨❶
レベルアップ

肩甲骨寄せ

20回

1

よつんばいの姿勢になって、顔を正面に向ける。両手は肩幅よりやや広めにつき、ひじを伸ばす。

2

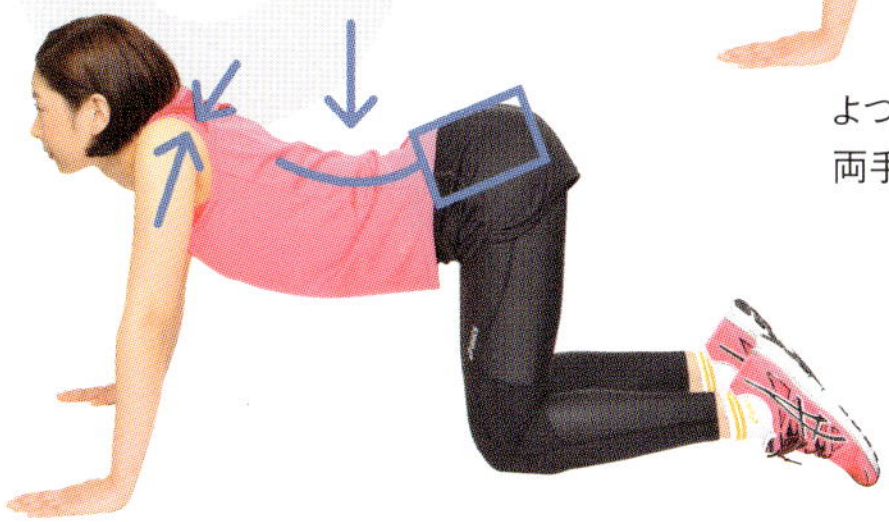

肩甲骨を背中の中心に寄せながら、おしりを突き出して骨盤を前傾させる。

3

頭を両肩の内側に入れながら、背中を丸めて肩甲骨を両サイドに広げる。一連の動作を20回反復。

AOYAMAチェック!

肩甲骨を寄せて、離す!

肩甲骨を背中の中心に寄せ、両サイドに離すという一連の動きをしっかり行うことがポイント。肩甲骨を寄せるときは、おしりを突き出して骨盤を前傾させ、離すときは背中を丸めて骨盤を後傾させる動きを連動させることが重要です。ランニングにおいて肩甲骨を寄せて腕を引くときは、骨盤を前傾させたほうが動かしやすいということがこのエクササイズで体感できます。

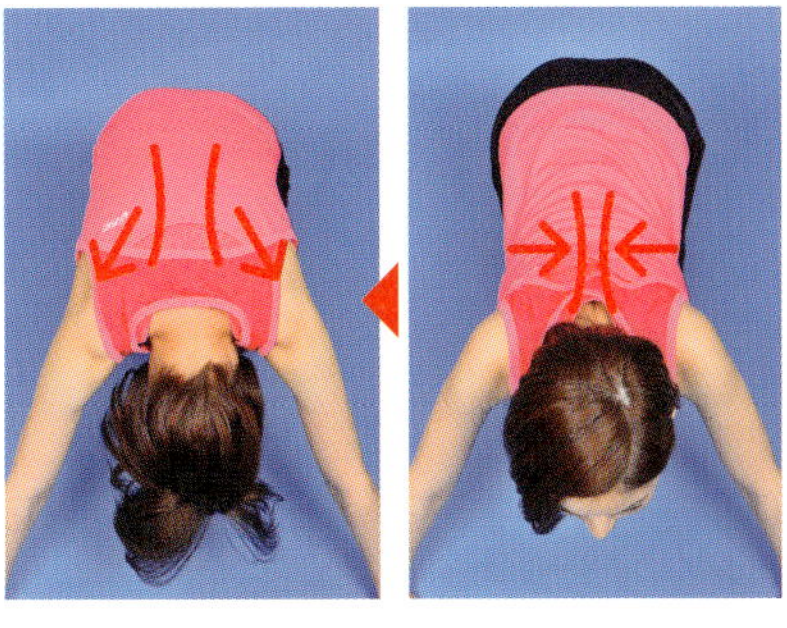

肩甲骨❷
レベルアップ

肩甲骨上下

20回

1

P34の正しい立ち方の姿勢から、手のひらを前方に向けてバンザイをする。

2

手のひらを外側に向けながら、両ひじを曲げ、肩甲骨を背中の中心に寄せる。一連の動作を20回繰り返す。

POINT

このエクササイズのポイントは、手のひらの向き。きちんと手のひらを外側に向けてひじを曲げないと、肩甲骨の動きが悪くなります。指先もしっかり伸ばしておくこと。

肩甲骨を上下させる

バンザイの状態から、両ひじを約90度曲げ、背中の中心に肩甲骨を寄せます。このとき、手のひらを前に向けて肩甲骨を寄せてみましょう。すると、寄せた感覚が甘いことがわかります。今度は手のひらを外側に向けてやってみます。すると、肩甲骨がしっかり寄っている感覚が得られます。このように、手のひらは向きはとても大切。また、「ポン、ポン」と弾むように上下させると、さらに効果的です。

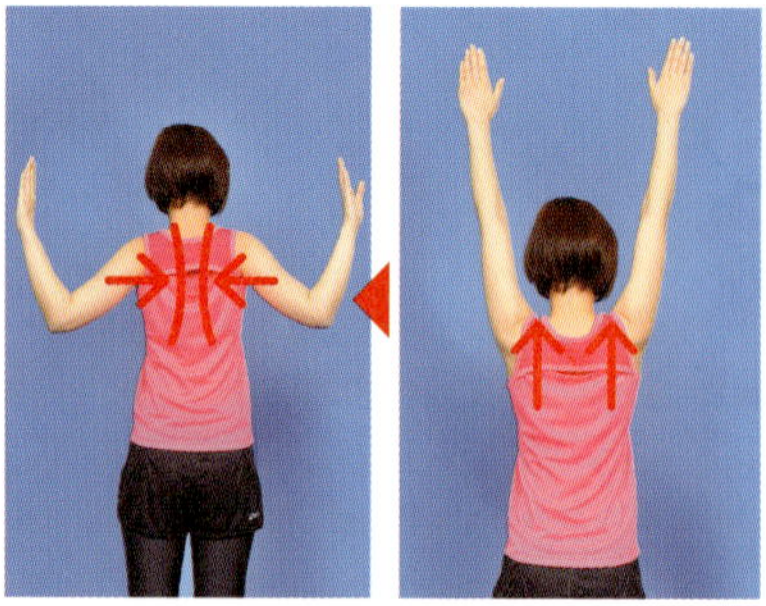

肩甲骨❸ レベルアップ　肩甲骨開き

20回

1

P34の正しい立ち方の姿勢から、カラダの前で両方の手のひらをそろえて上に向ける。

2

1のひじを曲げた状態のまま、両手を左右に開き、肩甲骨を背中の中心に寄せる。一連の動作を20回繰り返す。

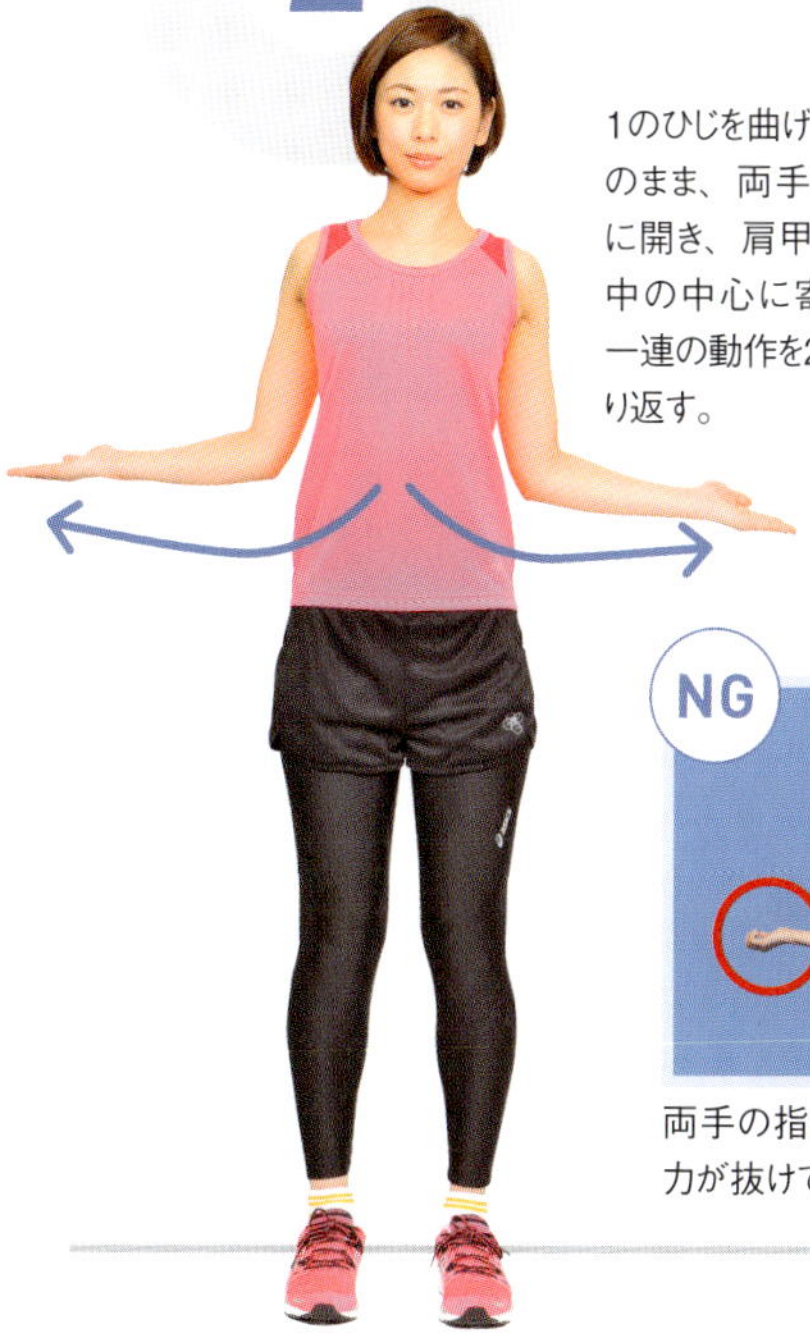

NG

両手の指先を伸ばしていないのはダメ。力が抜けて肩甲骨の寄せが甘くなる。

AOYAMAチェック!

肩甲骨を開閉させる

このエクササイズも手がポイントになります。両手を左右に開くときは、手のひらを上に向け、しっかりと指先を伸ばします。手を軽く握ったりすると、力が逃げてしまい、肩甲骨の寄せが甘くなるのです。また、両手を左右に開いたときに、自分の手のひらが見えない位置にくるまで開くことが重要です。

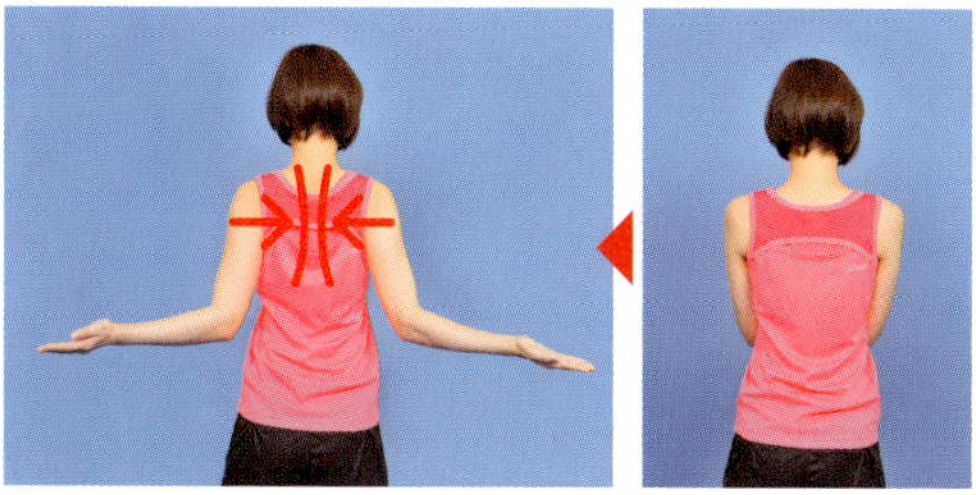

肩甲骨❹ レベルアップ | 肩甲骨クロス

20回

1

両手を伸ばし、「臍下の一点」の前でこぶしを握ってそろえる。両こぶしは開く方向に合わせ、斜めに構える。

2

右手を右斜め45度の上、左手を左斜め45度の下に開いて肩甲骨を背中の中心に寄せる。

3

再び「臍下の一点」の前に両手を戻す。今度は左右逆側に開くよう両こぶしを斜めに構える。

4

今度は左右逆側、左手を左斜め上、右手を右斜め下に。一連の動作を20回繰り返す。

AOYAMAチェック!

肩甲骨を斜めに動かす

両手を斜めに開くとき、ひじを曲げてしまうと肩甲骨が大きく可動しません。肩甲骨を背中の中心に斜めにしっかりと寄せるには、ひじを伸ばすことが大切です。また、両手を開く起点が高いと動作のラインが崩れてしまうので、起点は「臍下の一点」の前に設定しましょう。無意識に起点が高くなってしまう場合が多いので、とくに注意しましょう!

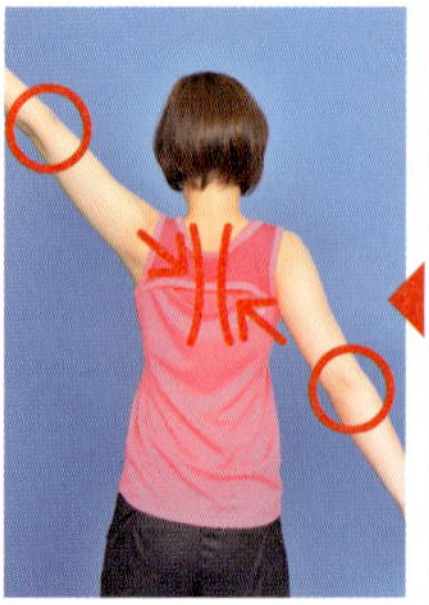

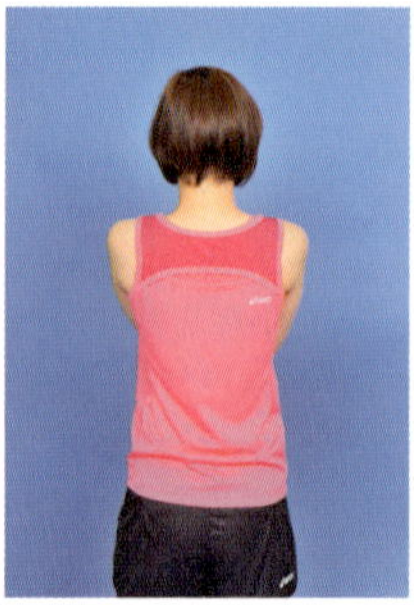

肩甲骨❺ レベルアップ

肩甲骨スライド

左右各10回

1 P34の正しい立ち方の姿勢から、右手を右斜め45度の上に伸ばしておく。

2 肩甲骨を右手の先のほうにスライドさせる感覚で動かす。左右逆側も同様に各10回繰り返す。

AOYAMAチェック!

肩甲骨を斜め上にスライドさせる

肩甲骨スライドは頭やカラダを動かさないように、肩甲骨だけを斜め上にスライドさせるイメージで動かします。動作自体は小さい動きであるため、わかりにくいかもしれませんが、これができるようになると、肩こりなどもしにくくなります。動作のコツがどうしてもよくわからない場合は、誰かに肩甲骨の動きを確認してもらう、というのもよいでしょう。

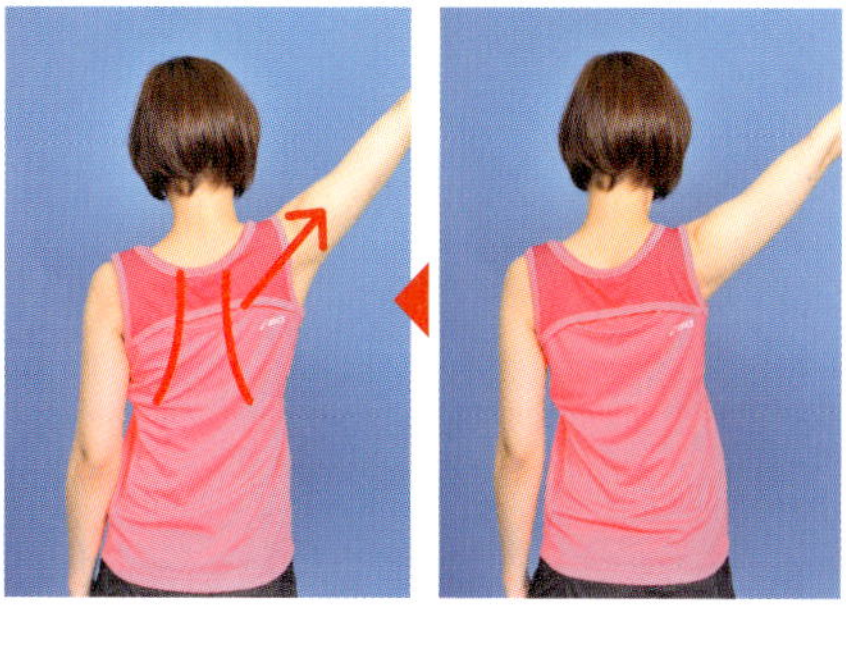

骨盤❶
レベルアップ

足スイング前・後

左右各 10 回

～前スイング～

1

壁や柱などに左手をついてカラダを支えながら、右足を少し後ろに振って反動をつける。

2

姿勢を崩さないように維持しながら、右足を大きく前方に振り上げる。左右逆側も同様に各10回繰り返す。

NG

足を前に大きく振るために、カラダが後ろに反っている。これでは体幹が刺激されない。

POINT

よい姿勢を崩さずに足を大きく振ることが大切です。また、足を振るときはひざをしっかり伸ばします。大きく足を振っても、姿勢が崩れたら、体幹にスイッチは入りません。

～後ろスイング～

1

壁や柱などに左手をついてカラダを支えながら、右足を少し前に振って反動をつける。

2

姿勢を崩さないように維持しながら、右足を大きく後方に振り上げる。左右逆側も同様に各10回繰り返す。

AOYAMAチェック!

股関節の可動域を広げる

体幹の軸を動かさずに足を大きく振ります。前スイングは腹筋と骨盤にある腸腰筋、後ろスイングはおしりにスイッチを入れて、足を振る動作感覚を養います。また、前スイングでは足の後面、後ろスイングでは足の前面のストレッチも兼ねているので、ひざを伸ばしておくことも重要です。これをしっかり行うことで、股関節の可動域が広がり、体幹で足を動かすための筋肉に刺激を入れることができます。

骨盤❷ レベルアップ

股関節回し前・後

左右各10回

壁や柱に右手をついてカラダを支えながら、よい姿勢で立つ。

おしりに力を入れながら、左足を後方へ振る。

腰の高さまで左ひざを上げながら、そのまま左ひざを外側に開く。

左ひざの高さを維持したまま、カラダの前まで左ひざを持ってくる。

左足を下ろして元の姿勢に。左右逆側も同様に各10回反復。逆回転の後ろ回しも同様に。

おしりと腹筋にスイッチ!

このエクササイズのポイントは、ひざを後ろで大きく回すこと。ランニングは、後ろに出した足を真下に戻す動作の繰り返しです。そのため、ひざが後ろにあるときの動きがとても重要になるのです。高さを気にする人が多いのですが、それよりもひざを後ろで大きく動かし、前に運んでくる動きに注意しましょう。ひざが後ろにある間はおしりに、ひざを前に運ぶときには腹筋にスイッチが入ります。

骨盤❸
レベルアップ

足横上げ

左右各 10 回

1

壁に両手をつき、背中を丸めずに前傾。おしりを突き出した姿勢に。

2

ひざを曲げないように、右足を真横に大きく振り上げる。

3

右足を下ろすとき、45度の位置で急ブレーキをかけて静止させる。

4

右足を下ろして元の姿勢に。左右逆側も同様に各10回行う。

AOYAMAチェック!

上げた瞬間と静止時に2段階スイッチ!

このエクササイズは、おしりのサイドについている中殿筋という筋肉を刺激し、1回の足の上げ下ろしで2段階のスイッチが入ります。まず、勢いよく真横に頂点まで足を振り上げたときに、1回目のスイッチが入り、さらに足を下ろす途中に45度の位置で急ブレーキをかけることで2回目のスイッチが入ります。体幹スイッチは軽い筋肉痛を起こすことが大切ですが、急ブレーキによる刺激は効果的です。

骨盤❹
レベルアップ

骨盤上げ

左右各 10回

1 P34の正しい立ち姿勢から、両手で骨盤を持つ。左足を曲げずに骨盤の左側を引き上げる。

2 さらに右足を曲げずに骨盤の右側を引き上げる。一連の動作を10回繰り返す。

NG

骨盤ではなく、足を上げている。骨盤が動いていないので意味がない。

AOYAMAチェック！

足ではなく骨盤を引き上げる

ランニングのビギナーは骨盤を固定させて走り、中級者になると骨盤を横回転させて走ります。さらに上級者は骨盤の横回転に縦の回転が加わった「ローテーション」という動きで走れるようになります。このエクササイズでは、足を上げずに骨盤を上下させる動きを身につけます。足を引きずる音がするというランナーは、骨盤による足の引き上げが苦手という場合が多いので、このエクササイズがオススメ。

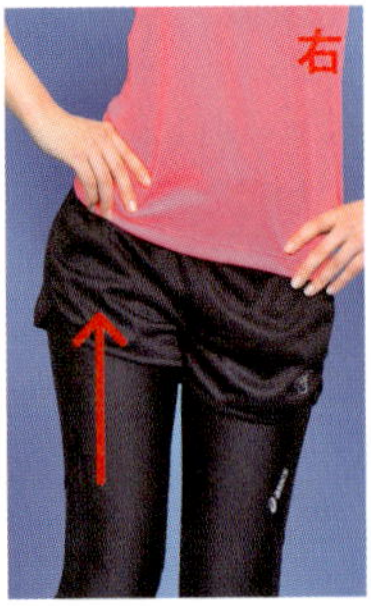

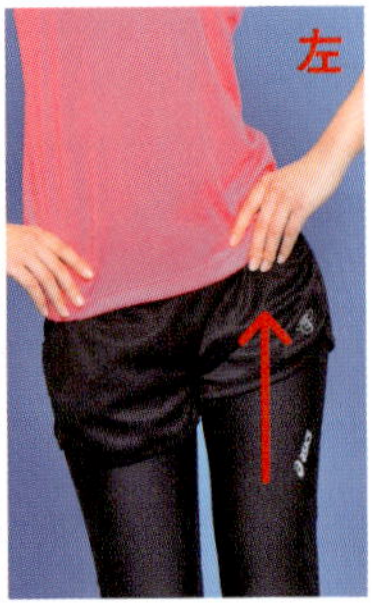

骨盤❺ レベルアップ｜足半円

左右各 10回

1 P34の正しい立ち姿勢から、両手で骨盤を持つ。右足を伸ばしたまま前方に上げる。

2 前から後ろへ半円を描くように右足を回す。左右逆側も同様に10回繰り返す。

体幹でカラダを支えられないと、バランスが崩れる。

AOYAMAチェック!

行う前に踏みつけで確認する

足半円は、腹筋とおしりの力で足を半円に回すのですが、実は軸足のほうが重要です。足を動かしても軸がぶれずに体幹を安定させられるかが大切。P68の踏みつけと同様に、腹筋とおしりに力が入り、拇指球に重心が乗っていることを動きをつけた状態で確認しているのです。感覚を得るうえで、行う前に踏みつけを行ってみましょう。

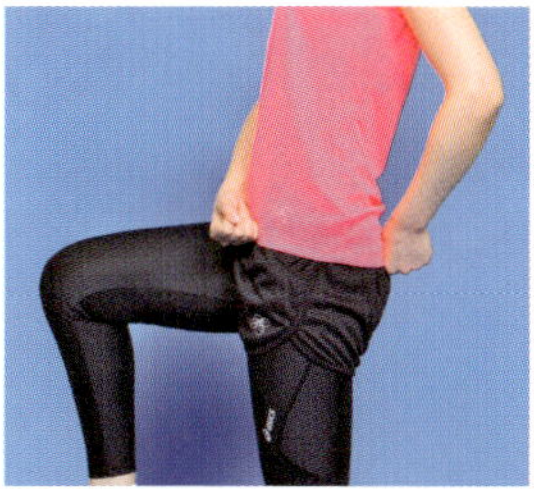

Team AOYAMA ランニングメモリー

Column 02

「ダイエット」の成功

ストレッチ＆体幹スイッチで劇的にやせることもできます！

ダイエットでいちばん大切なのは「続けること」です。コツコツと着実に積み上げたものは、少々のことでは崩れません。地道なエクササイズを続けていけば、確実にやせることができるのです。ある化粧品会社に勤務する40才前後の主婦の方がいまして、自社のCMに出演することが決まりました。しかし、彼女は当時、太りすぎていてこのままでは出演できないということで、会社からダイエットの指令を受けたそうです。そこで私のところに相談に来ました。ところが、彼女は忙しく、子どもが小さいから外にも出られません。「どうしたらいい？」という彼女の相談に、私はストレッチと体幹スイッチ、通勤ウォークを毎日行うようにアドバイスしました。「わかりました。毎日やってみます」と約束した彼女が、パーソナルコーチングを受けに来たのは、多忙のためその1回限り。やがて半年後、私のもとを訪れた彼女の姿に驚愕しました。現れたのはもはや別人。なんと彼女は12キロのダイエットに成功していたのです。ここで思ったのは、ストレッチと体幹スイッチの想像以上の効果。普段運動をしていない人にとっては、ストレッチと体幹スイッチだけでも代謝が飛躍的にアップするのだと実感しました。エクササイズによって代謝が上がり、脂肪が燃焼しやすいカラダに。そして、その状態で通勤ウォークを行ったことで、有酸素運動の効果が高まり、どんどん脂肪が燃焼されていったのでしょう。彼女は「今度は走ってみたい」とすっかり自信をつけていました。ストレッチと体幹スイッチを行えば、生活シーンもトレーニング場に変化するという好例です。

3rd STEP

カラダが軽く感じる
魔法のランニング・フォーム

3rd STEP

イントロダクション

ウォーク&ランの理想形とは？

ラン

ウォーク

体幹にスイッチが入っていれば、自然に理想的なフォームになります！

ここまでストレッチと体幹スイッチを解説してきました。次はいよいよ3つ目の「S」です。「ストレングス＝カラダの力を使う」、つまり実際に体幹を使ったウォーク&ランを実践します。

歩いたり、走ったりするとき、おそらく多くの人は、体幹を使用した正しいフォームが知りたいと考えます。しかし、基本は「自然に歩く&走る」でOKです。エクササイズで体幹にスイッチさえ入っていれば、カラダは自然に正しいフォームで動くはず。支障が出る場合は、体幹スイッチで動きづくりができていないだけなのです。とはいえ、ウォーク&ランにもコツはあります。これからその基本的なメソッドを紹介していきます。

～ウォークとランは基本的に同じ～

「歩くこと」と「走ること」に大きな違いはありません。「カラダを前に進める」ということに関しては、どちらも考え方は同じ。違いといえば、走る場合は足が地面から離れる瞬間があるということ。そのために、体幹を少しだけ前傾させるという点だけが異なります。基本的な体幹の使い方は、ウォークもランも共通しているのです。

体幹ランの場合、足が地面から離れる瞬間がある。着地の衝撃を分散させるため、カラダをやや前傾させている。

体幹ウォークの場合、カラダは前傾させず、まっすぐをキープ。左右いずれかの足が常に地面に接地している。

運動中にフォームを修正するのは難しい

ウォークもランも、動いている最中にフォームを修正したり、確認したりするのは難しい。基本は体幹スイッチでフォームに必要な動きのクセづけを行う。

おしりはアクセル、前ももはブレーキ

基本的にウォーク&ランは、体幹より前に足があると前もものブレーキがかかり、体幹の真下から後ろに足が移動するとおしりのアクセルが効き始める。

体幹にスイッチが入ったウォークとは？

ビギナーの場合、いきなり走り始めると、カラダへの負担が大きいので、まずは歩くことから始めましょう。P34の正しい立ち方をベースに、両ひじを軽く曲げた形をつくって歩きます。このとき意識するのは3つのポイントだけ。あまり考えすぎてしまうと、カラダに力が入ってしまうため、好ましくありません。リラックスして自然に歩きましょう。

～ウォークの理想的なフォーム～

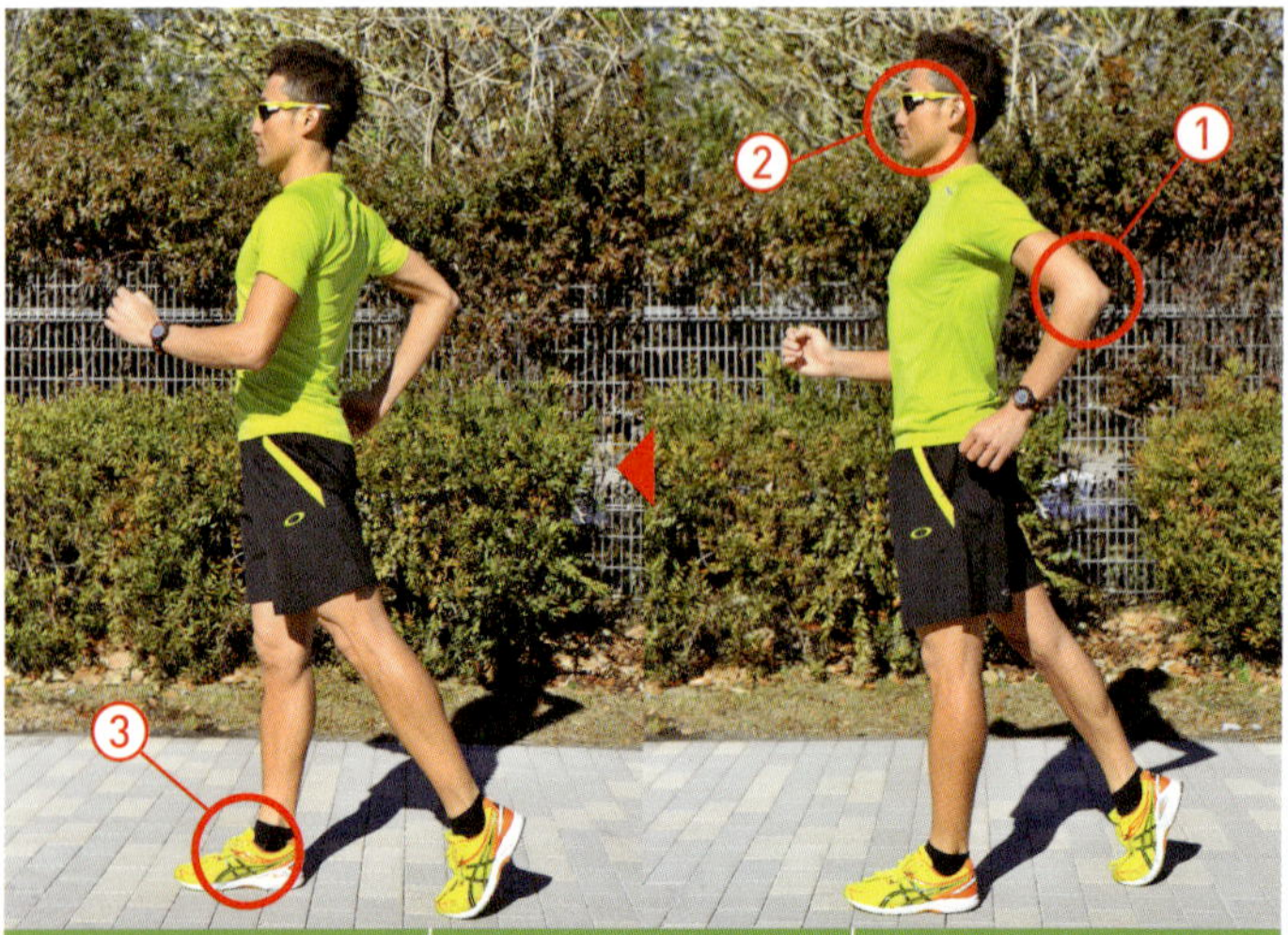

① ひじを軽く曲げた状態で、後ろに大きく引く。

② 目線はまっすぐ前方に向ける。

③ カラダの真下に足を着地させる。

3つのポイントだけを意識して、自然なフォームで歩きましょう！

意識するのは3つ

体幹ウォークで意識するのは、両ひじを後方に大きく引くこと、目線を前方にまっすぐ向けること、カラダの真下に足を着地させることの3つだけ。よい姿勢を維持し、これだけ意識すれば、理想的なフォームで歩けるはずです。ランニング開始直後は、体幹スイッチとウォークだけをやってカラダを慣らしていきます。

～体幹ウォークのメカニズム～

体幹を使って歩く「体幹ウォーク」とは、どのようなメカニズムでカラダが動いていくのでしょうか？　歩く過程の動作を細かく解析してみると、動作の仕組みがイメージできるはず。基礎知識として覚えておきましょう!

❶ 肩甲骨で始動

ひじを後方に大きく引くことで肩甲骨が動き、そこから動力の起点となるエネルギーが生じます。

❷ 腹筋から骨盤へ

肩甲骨で生じたエネルギーは、背骨や腹筋といったカラダの軸を通して骨盤へと伝えられます。

❸ 骨盤が回って足が前に

肩甲骨から伝わったエネルギーと連動して骨盤が前後に動き、骨盤とつながる足も自然と前に。

❹ 着地の反発力が生じる

カラダの真下に着地すると地面の反発が生じ、それを体幹の軸で受け止めます。

❺ おしりの力が加わる

着地の反発力に、おしりの力で足を後方に押しやる力が加えられ、前に進む推進力が増大。

❻ 肩甲骨の動きと連動

腕振りによって肩甲骨で生じたエネルギーが、下半身の動きと連動し、さらに大きな力に。

こんな歩き方はダメ！

ここからは、よくあるダメな歩き方を紹介します。その場での対処法と共に、根本的な改善メソッドも同時に行いましょう！

CASE1 猫背で視線が下がっている

対処① 鉄棒引き

頭上の鉄棒を頭の後ろに引きつけるイメージ（P35参照）で姿勢を起こす。

対処② 骨盤を前傾させる

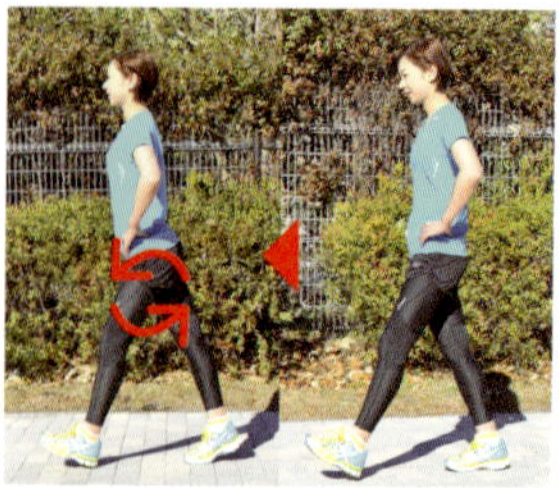

両手で骨盤をつかんで前方に回転させ（P36参照）、骨盤を前傾させた形をつくる。

背中が丸まって、うつむいた姿勢で歩いているため、肩甲骨がまったく動いていない。骨格の構造上、背骨が猫背になっていると骨盤も後傾してしまう。

根本的な改善策▼

カラダの軸が前に曲がっているため、体幹の力がまったく機能していない状態。まずは正しい立ち方を実践し、よい姿勢をつくることが必要です。また、姿勢ができていないということは、腹筋の力が抜けているということ。上体起こし腹筋で刺激を入れ、腹筋の力でカラダの軸を支えられるようにしましょう。

P34 → 正しい立ち方　P54 → 上体起こし腹筋

CASE2 ひじが引けず、プランプラン

対処① ひじの形をキープ

ひじを軽く曲げ、腕振りの基本的な形に固定。そのままひじを後方に大きく引くことを意識する。

対処② 小指にぎり

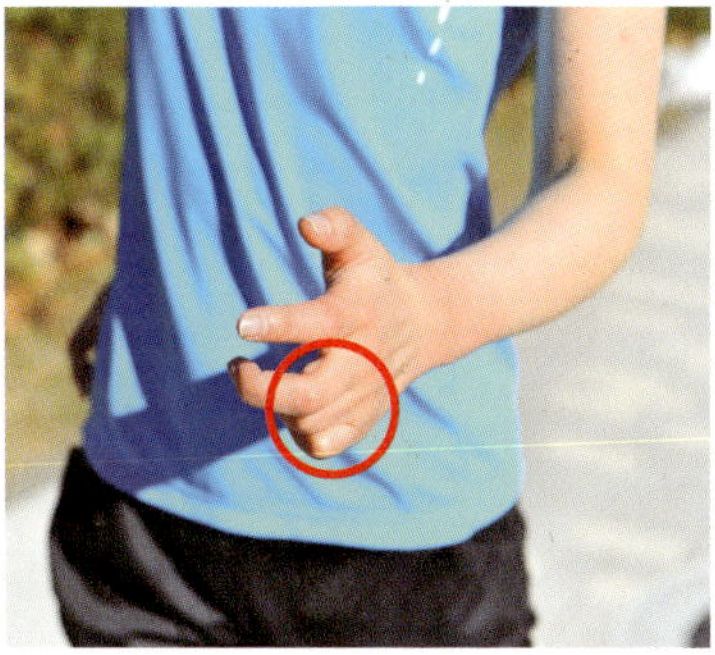

骨格の構造上、ひじは手のひらが外側に向くほど後ろに引きにくい。小指をにぎることで手のひらが内側に向き、腕が引きやすくなる。

ひじから先だけをプランプランといった感じで振って、肩甲骨が動いていない歩き方。動作の起点が働いていないので、骨盤も動かず、足の力だけで歩いている。

根本的な改善策▼

ひじから先だけ振って歩いてしまうフォームは、肩甲骨を動かせていません。体幹ウォークは、ひじを後方に大きく引くことで肩甲骨が動き、そこから動作のエネルギーが生じます。その力が骨盤に伝わり、効率的に足を動かすことができるのです。CASE2の状態だと体幹が連動せず、足の力だけで歩くことに。この場合は腕前後振りを行い、腕振りと肩甲骨の動きをクセづけることが必要です。

P65 → **腕前後振り**

CASE3 ガニ股歩き

対処 直線上を歩く

直線の上などを意識して歩き、自分の動きを確認。ひざの向きと足運びがまっすぐになるよう修正する。

ひざが外側を向き、重心も拇指球に乗っていないガニ股の歩き方。足運びが悪くスムーズな重心移動ができない。ひざへの負担が大きくなるので、故障してしまう可能性も。

根本的な改善策▼

ガニ股で歩いてしまうケースは、ひざとつま先の向きがまっすぐになっていないこと、拇指球に重心が乗っていないことなどが原因です。これを改善するためには、かかと上げで重心を拇指球に乗せるクセづけを行い、ひざ曲げスクワットでひざとつま先の向きをまっすぐにすることが有効です。つま先とひざの向きの不一致は故障を起こしやすいので、早めに改善することをオススメします。

P61 → かかと上げ　P62 → ひざ曲げスクワット

CASE4 手足の連動がバラバラ

対処 片手だけ振って歩く

上半身と下半身を連動させる動作感覚を体感するために、片手を固定し、片手だけ大きく振って歩く。

腕振りはできてはいるものの、その力を下半身に連動させる感覚がつかめていないために、ぎこちない歩き方になっている。エネルギーの浪費が大きく、長く歩けない。

根本的な改善策▼

肩甲骨の力が下半身につながっていないケース。体幹ウォークは、肩甲骨と骨盤を連動させることで初めて力が発揮されます。肩甲骨が動いてもそれが下半身に伝わらなければ意味がありません。具体的な動作感覚として体幹の連動を身につけるには、ツイストを行うのが効果的。ステップ1～3まで確実にできるようにしましょう。

P66 →ツイスト

3rd STEP

ラン

体幹にスイッチが入ったランとは？

体幹ウォークで運動できるカラダの準備が整ったら、いよいよ走り始めます。基本的な考えはウォークと一緒ですが、走る場合は体幹をやや前傾させます。フォームのポイントは3つだけ。ランニング中は考えすぎず、リラックスして走ることを心がけましょう。

① 腹筋とおしりの力で、体幹の軸を維持する。カラダはやや前傾姿勢に。

② ひじを軽く曲げ、低い位置で後方に大きく引くと、肩甲骨は自然に動く。

ランニング中はフォームのことをあれこれ考えすぎないことが大切！

意識は3つ

腕を低い位置で後ろに引けているか？ 1
両ひじを軽く曲げ、低い位置で大きく後方に引くことを意識！

体幹をやや前傾にできているか？ 2
ひじを後方に引き、骨盤が前傾していれば、自然に体幹は前傾します。

足をカラダの真下に置けているか？ 3
実際は少し前に着地しますが、イメージはカラダの真下でOK。

⑤ 肩甲骨と骨盤をしっかり連動させれば、効率よく走れる。

④ おしりの力で足が後ろに。重心は拇指球にしっかり乗せる。

③ カラダの真下に着地。足が前に出すぎないように注意。

～体幹ランのメカニズム～

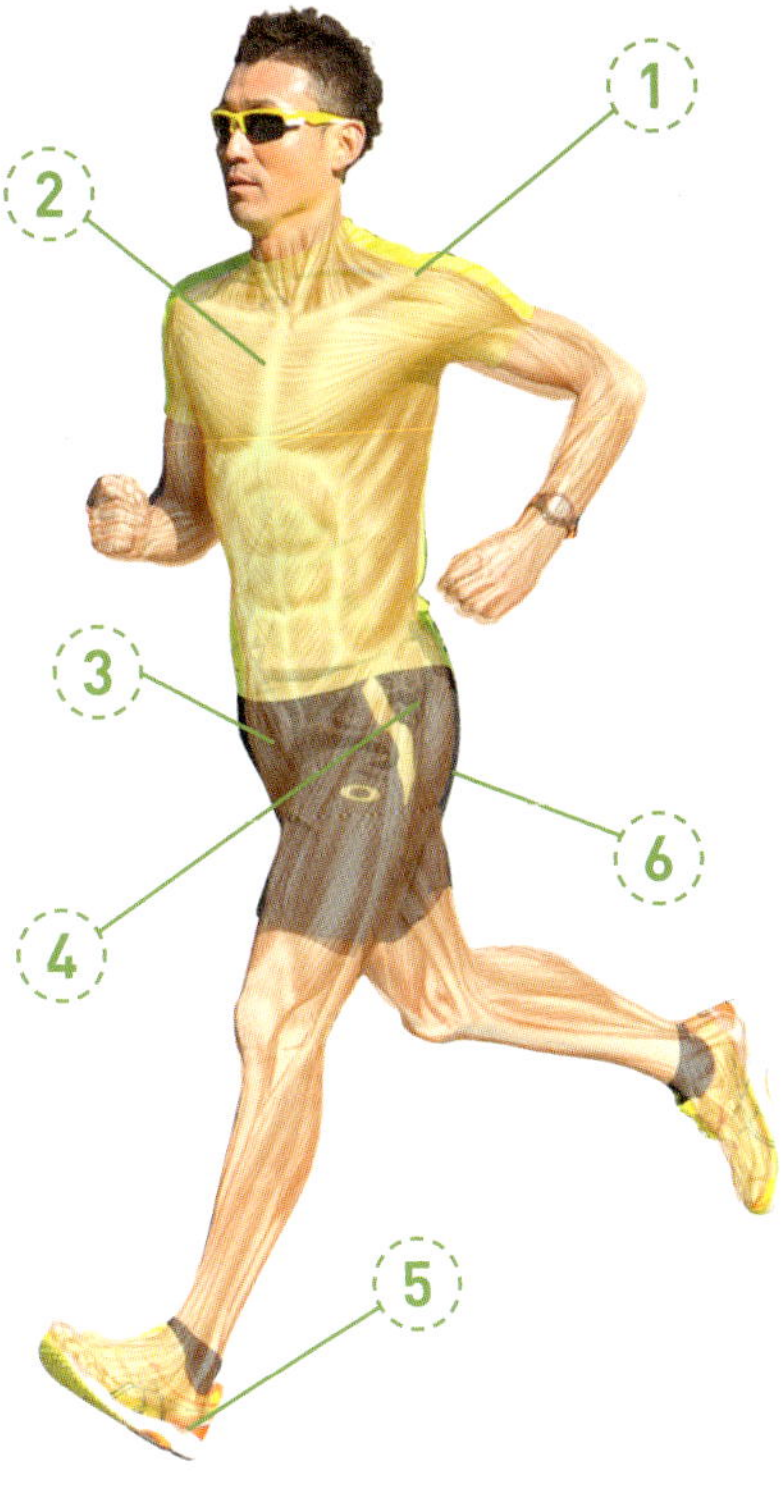

❶ 肩甲骨で始動

ひじを後方に大きく引くことで肩甲骨が動き、そこから動力の起点となるエネルギーが生じます。その力はさらに背骨や腹筋といった体幹の軸へと伝わっていきます。

❷ 体幹がやや前傾する

ひじを後方に大きく引くことで、上体が自然と前に出ます。さらに、骨盤を前傾させることとも連動し、体幹全体がやや前傾というランニングに最適な姿勢に。

❸ 重心の移動により足が前に

カラダを前傾させたことにより、重心も前に進みやすくなります。この重心移動によって、足が自然に前に出るようになり、ムダなエネルギー消費を抑えることに。

❹ 骨盤から足が前に

肩甲骨から伝えられたエネルギーが、骨盤へとつながります。骨盤が動くことによって、そこにつながる足も連動して動き、歩幅の広いダイナミックなフォームになります。

❺ 着地の反発力が生じる

カラダの真下に足を着地させ、その衝撃をまっすぐキープされた体幹の軸で受け止めます。また、地面からの反発力もカラダの前傾作用で前進するための推進力に。

❻ おしりの力を推進力に

おしりの力を使って、カラダの真下から後方に足を運んでいきます。体幹よりも足が後ろにあれば、アクセルの効果だけに力を利用でき、エネルギーの効率が高まります。

こんな走り方はダメ！

ここからは、よくあるダメな走り方を紹介します。効率のよい走り方を目指すなら根本的な改善メソッドに取り組みましょう！

CASE1 腰が落ちている

対処 骨盤を前傾させる

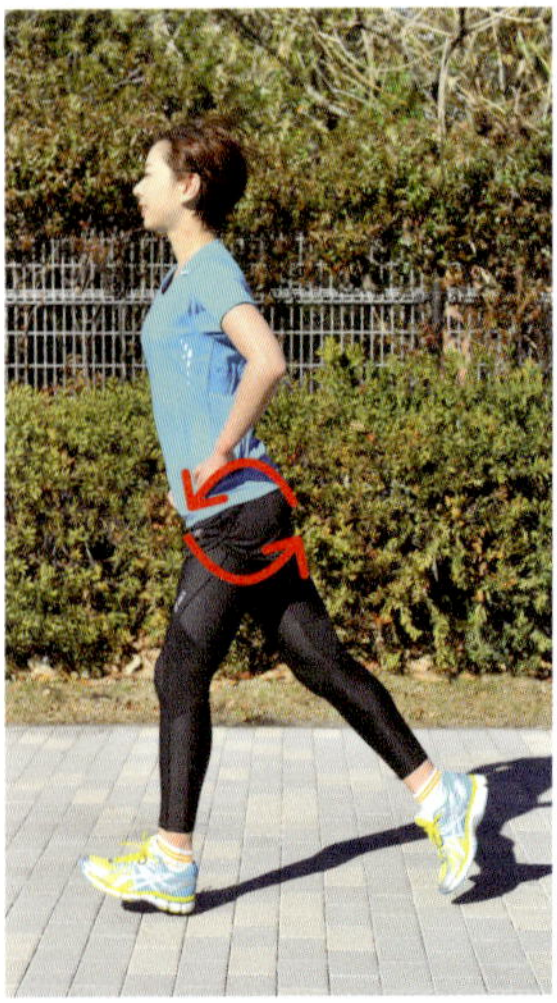

骨盤を両手でつかんで前に向かって回転させ、骨盤が前傾するよう修正する。

腰の位置が低くて骨盤も後傾し、腰が落ちた状態で走っている悪い例。足を前に出しすぎる形になるので、足への負担が大きい。

根本的な改善策▼

腰が落ちるのは姿勢を維持できていないため。腹筋とおしりで正しく姿勢を支えるために、上体起こし腹筋とおしり背筋を行います。また、骨盤の後傾を修正するには、おしり突き出しスクワットが最適です。

P54 → 上体起こし腹筋　P56 → おしり背筋
P64 → おしり突き出しスクワット

CASE2 肩に力が入り、上がっている

対処① 腕を下ろす

肩に力を入れ、思い切り上げる。そこから一気に脱力して腕を下ろすと、肩の力が抜ける。

対処② 臍下の一点を意識

意識が上に上がっているから、肩に力が入る。臍下の一点に意識を集中し、心を落ち着かせる。

意識が上に上がっているため、肩に力が入り、腕振りもできていないフォーム。この状態では肩甲骨が動いておらず、体幹の力が発揮できない。

根本的な改善策▼

肩に力が入っているということは、ひじを後方に大きく引けない状態になっているため、肩甲骨の動きが悪くなっています。まずは、腕前後振りでひじを後方に引く動作感覚を養い、肩甲骨に正しくスイッチを入れましょう。また、意識が上に上がっているから力んでしまうこともあり、臍下の一点を意識して、心を落ち着かせることも必要です。心とカラダは常に連動しているのです。

P37 →臍下の一点　P65 →腕前後振り

CASE3 背中が丸くなる

対処 胸開き

両手を前に出した状態から、胸を開くようにひじを左右に曲げ、肩甲骨を背中の中心に寄せる。

うつむいて猫背になった姿勢で走ってしまう悪い例。体幹の背面にスイッチが入っておらず、肩甲骨も骨盤も動いていない。足だけでなく、首にも負担がかかりやすい。

根本的な改善策▼

このケースは、体幹の背面のスイッチが入っていないために、背中が前に丸まってしまいます。そこで、前に偏った姿勢を起こすために片手片足背筋を行い、肩甲骨や骨盤など連動する背面の部位にスイッチを入れます。さらに、猫背の場合は、ひじを後方に引けていない状態なので、腕前後振りを行って肩甲骨に刺激を入れます。

P60 →片手片足背筋　P65 →腕前後振り

CASE4 腕を前や横で振っている

対処 腕を低い位置で後ろに引く

正しい腕振りに修正。ひじを軽く曲げ、腕を低い位置で後方に大きく引くことを意識して走る。

体幹でバランスを取れないため、腕を前や横で振ってしまっている。肩甲骨が動かせていないため、足への負担が大きい走りとなり、ムダな動きによって消耗も早い。

根本的な改善策

この走り方は、体幹でバランスが取れず、腕の横振りでそれを補っていることが原因です。体幹の力が弱いため、ムリにフォームを矯正しようとすると、今度は足でバランスを取るようになり、負担が大きくなって故障してしまう危険性もあります。そこで、腕前後振りによる動きのクセづけを行い、さらにツイストで動きの中での体幹の連動性を高めていきます。動きづくりをしっかり行うこと！

P65 → 腕前後振り　P66 → ツイスト

CASE5 ガニ股になっている

対処 ややひざをしめる

両足の内軸の弱さが原因の1つなので、ややひざを内側にしめて走ってみる。ムリな修正は故障を招くので、しめすぎないように注意。

ひざが外側に向き、重心が拇指球ではなく、外側にずれている状態の走り方。ガニ股の場合は、それと連動して骨盤も後傾していることが多く、重心移動の効率が悪い。

根本的な改善策▼

ひざが外側に開き、重心が拇指球に乗っていない状態を改善していきます。つま先とひざの向きがまっすぐ前を向いていないと、前に進む力が減退し、足運びも遅くなります。まずは、かかと上げで拇指球に重心を乗せるクセづけを行い、その上でひざ曲げスクワットを行ってつま先とひざの向きを修正します。ランニング中のフォーム修正は、ひざを痛めやすいので、エクササイズで修正しましょう。

P61 → **かかと上げ**　P62 → **ひざ曲げスクワット**

CASE6 姿勢が後ろに反っている

対処① 腕を低い位置で後ろに引く

ひじを軽く曲げ、腕を低い位置で後方に大きく引くと、体幹が前方にシフトする。肩甲骨と骨盤が連動して自然にカラダが前傾してくる。

対処② 骨盤を前傾させる

骨格の構造上、骨盤が後傾していると姿勢が反りやすい。逆に骨盤を前傾させると、それと連動して体幹を前傾させることができる。

あごが上がり、後ろに反り返った姿勢で走っている悪い例。腹筋の力が弱いためにカラダを支えられない人や、股関節による足の引き上げが苦手な人に多い。

根本的な改善策▼

この場合は、腹筋の力が抜けていることが主な原因です。腹筋でよい姿勢をキープできるように、上体起こし腹筋を行って刺激を入れます。また、腹筋と骨盤にある腸腰筋を使った足の引き上げがうまくできない場合に、カラダが反ってしまうことがよく見られます。そのため、腰上げ腹筋を併用して行うと、カラダの反り返りが自然に解消されていきます。

P54 → **上体起こし腹筋**　P58 → **腰上げ腹筋**

CASE7 上に跳ねている

対処 足を真下に着地させる

足を前に出して着地しているため、カラダの真下に着地することを意識すると跳ねにくくなる。

上にピョンピョン跳ねている走り方。骨盤が動いていないため、足を前に出そうとして跳んでしまう。このとき、骨盤が後傾しているケースも多い。

根本的な改善策▼

骨盤が動いていないことで、足で前に出ようとするために跳ねてしまいます。また、ランはウォークの延長であることを知らず、軽やかなイメージを先行させて走っているとジャンプしてしまう傾向にあります。カラダの前面を使う意識が強すぎるので、おしり背筋とおしり突き出しスクワットを行って背面に刺激を入れます。骨盤が後傾している場合も多いので、姿勢を修正する目的も兼ねています。

P56 → **おしり背筋**　P64 → **おしり突き出しスクワット**

CASE8 左右に傾いている

対処 腕を均等に振る

腕振りが動作をコントロールする役割を果たしているため、バランスを整える意味で、意識的に腕を左右均等に振る。

カラダが左右いずれかに傾いてしまう悪い例。筋力の強さが左右で偏っていたり、生活習慣で身についた動作のクセなどが影響し、左右均等のバランスを欠いている。

根本的な改善策▼

左右いずれかに傾いたフォームは、個別の部位を原因として特定することができません。野球で右投げ右打ちだった、など過去に経験した競技で偏った動作が習慣化していたりする場合も多く見られます。カラダが左右均等のバランスを欠いているため、基本のスイッチ全般を左右均等を意識して行う必要があります。長年に渡るカラダの偏りは、故障を避ける意味でも早めに修正しておきましょう。

P54～P69 → **基本のスイッチ全般**

CASE9 足が前に出すぎている

対処 おしりをたたく

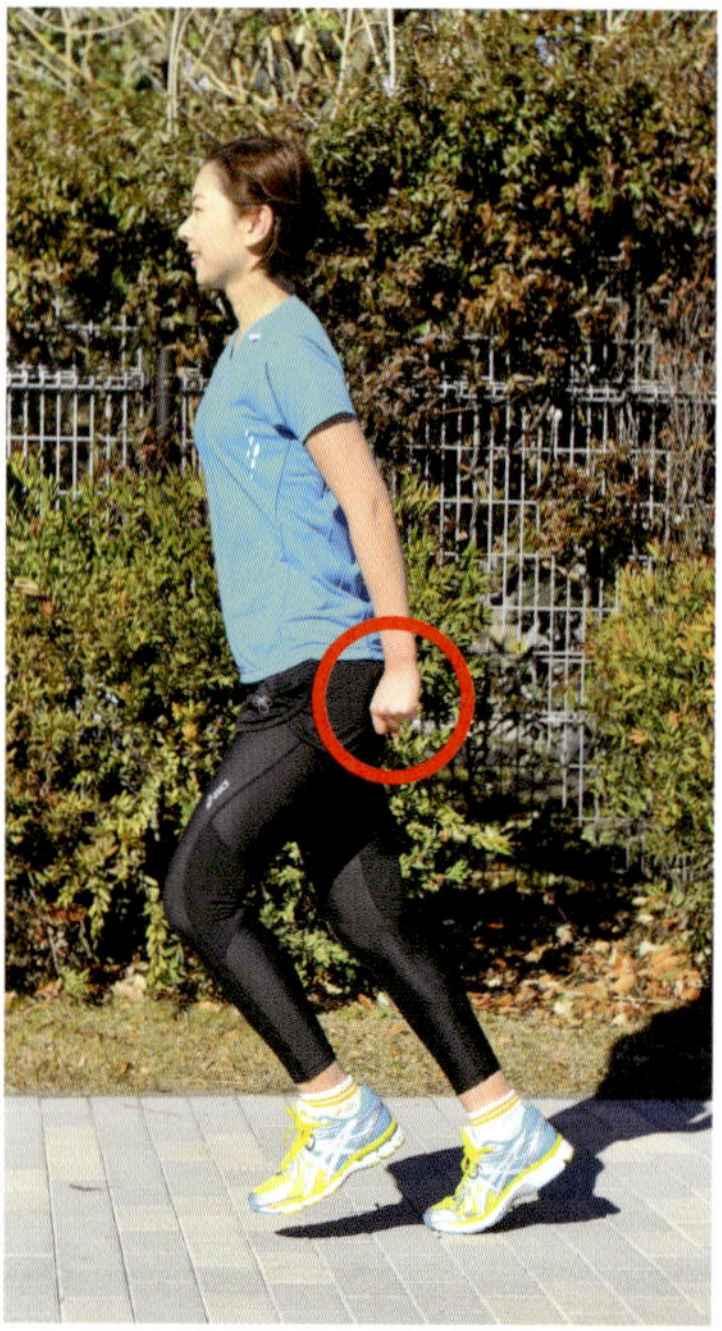

骨盤が後傾してしまい、おしりのアクセルが効いていない状態なので、おしりをたたいて刺激を入れる。

足を前に出そうとし、体幹が後ろに残ってしまう典型の例。前ももでブレーキをかけながら走ることになるので、足への負担が大きくなってしまう。

根本的な改善策▼

骨盤にある腸腰筋を使って足を引き上げることができず、足の力だけで前に進もうとしていることが原因。また、アクセルの役割を果たす下半身の背面が機能していないことも考えられます。そこで、腰上げ腹筋を行って、腸腰筋に刺激を入れ、片手片足背筋で背面のスイッチを入れます。また、上半身と下半身の連動にも問題があるので、ツイストを行って連動の動作確認を行います。

P58 → **腰上げ腹筋**　P60 → **片手片足背筋**　P66 → **ツイスト**

CASE10 足を引きずる音がする

根本的な改善策

このケースでのランニング中の対処は、故障の危険があるので行いません。原因としては骨盤にある腸腰筋で足の引き上げができていないことや、股関節や足首の関節が硬いことが考えられます。つまり骨盤を使って足を出すことができていないというのが大きな要因。足上げ腹筋と腰上げ腹筋で腸腰筋にスイッチを入れ、ツイストで上半身と下半身の連動を確認すると、改善されていくでしょう。

P57 → **足上げ腹筋**
P58 → **腰上げ腹筋**
P66 → **ツイスト**

走っている最中に「ザッザッ」と足を引きずる音が聞こえる走り方。足関節が硬い場合に引きずることが多い。

CASE11 足が外巻き、内巻きしている

根本的な改善策

足が外側や内側に巻いてしまうということは、重心が拇指球に乗っていなかったり、おしりの力が抜けていたりすることが原因。おしりにスイッチが入っていないために、足が内側や外側に逃げてしまい、着地も重心がぶれてしまうケースが多く見られます。そのため、おしり背筋でおしりに刺激を入れ、かかと上げで重心の位置、ひざ曲げスクワットでひざの向きなどを整える必要があるのです。

P56 → **おしり背筋**
P61 → **かかと上げ**
P62 → **ひざ曲げスクワット**

足を外側や内側に巻いてしまう走り方。つま先とひざの向きが一致しない状態なので、故障の原因にもなりやすい。

Team AOYAMA ランニングメモリー

Column 03

「ケガ」からの復活

ケガから動きのクセを探る! Team AOYAMA式「ケガの功名」

カラダを痛める原因は、動きが悪いか、オーバーユース(使いすぎ)のどちらかですが、ほとんどの場合は前者になります。ケガをすることも考えようによっては、飛躍的な成長のチャンスであり、Team AOYAMAでは「ケガの功名」をモットーに、ランナーたちの指導とケアを行っています。どこを痛めたかによって、その人の動きのクセがわかるので、修正すべきポイントが明確になるのです。ケガで走れない間に、体幹スイッチやクロストレーニングでその悪い動きを修正すると、復帰したときにケガをする以前よりもレベルアップしていることが多々あります。サブスリーを目指して私のところへやってきたある男性も、ふくらはぎの肉離れで走れなくなりました。ふくらはぎを痛めるということは、おしりの動きが悪いということ。彼にはランニングを中止させる代わりに、水泳とバイク(自転車)というトライアスロン的なクロストレーニングでリハビリさせることにしました。水泳はカラダに負担をかけずに有酸素運動の効果を得られ、肩甲骨の動きもよくなります。バイクはふくらはぎに負担をかけずに、3~4時間走れるのでスタミナを落とすこともありません。走れない分、体幹スイッチをたくさんこなしてもらい、おしりの動きも時間をかけて修正していきました。そして、ようやく復帰したとき、彼はレースでいきなり自己ベストをたたき出したのです。このように、ケガは短期的に見ればマイナスですが、長期的に見れば動きの悪い個所を見つけ出すよい機会になるのです。ケガをしたら落ち込まずに、成長できるチャンスだとポジティブに考えましょう。

4th STEP

走り続けるための ランニング・クリニック

4th
STEP

クリニック

あせりは禁物！ 自分の適正なペースは？

走り始めはラクなペースで。
ムリをして飛ばしすぎるのはダメ！

走り始めたものの、自分がどんなペースで走ったらよいのか迷ってしまうこともあります。昔の持久走のイメージで走ってしまい、翌日動けないということもしばしば。走り始めのビギナーは、とにかく「ラクである」ことを意識して、会話ができるくらいのペースで走りましょう。走る頻度も毎日走らなくてOKです。

ビギナーの場合、週1で「維持」、週2で「進歩」、週3で「劇的な進歩」と考え、目標に合わせてムリのないペースで始めることが大切です。60分走れるくらいに慣れてきたら、1度5kmのタイムトライアルに挑戦してみましょう。自分がどれくらいで走れるのかを知ると、その後のペース設定が明確になります。

ゼーゼーしないペースで！

もう少しペースを落として！
ゼーゼー

Advice1

過去のイメージから全力で飛ばしてしまうビギナーも多く見られますが、それはNGです。まずは、ゼーゼー息が切れないラクなペースで走ることが大切。それで脂肪を燃焼するカラダのベースをつくっていきます。ベースがないまま過度なスピードで走ってしまうと、ケガのリスクが高まり、毛細血管が生成されにくい状態に。すると、回復が遅くなり、疲れが抜けづらいカラダになってしまうのです。

ビギナーは距離やペースを気にしないこと

疲れたら歩いてもOKなんです！

Advice2

走り始めのうちは、体調のアップダウンが必ずあります。距離やペースを気にして走ると、体調がすぐれないときも「5kmこなさなきゃ」などと考え、ムリに走り切ろうとしてしまいます。そのため、ビギナーは時間で区切って走ることがオススメ。30分なら30分と決め、距離ではなく、その日の体調に合わせて30分走り切ればよいのです。

～ロングウォーキングのススメ～

時間がない場合は、最寄りから少し離れた駅で降りたり、通勤時間を利用するのもオススメです！

ロングウォーキングの効果

- **ラクに実践できる**
- **ケガをしない**
- **脂肪燃焼の効率がアップ**

ビギナーには、早歩きで90分以上歩く「ロングウォーキング」も効果的。これによって走り込めるカラダをつくれます。カラダへの負担が少ないのでケガの心配もなく、重心移動への耐性も養われます。また、カラダの脂肪燃焼効果も上がるので、ダイエットにも有効です。仕事が忙しくて走る時間が取れない場合も、通勤時間などで実践すれば同様の効果が得られます。

4th STEP

クリニック

ビギナーの距離目安は？

ビギナーは距離ではなく時間で。60分間ラクに走れることを目標に！

ビギナーは、どれくらいの距離を走るのが適正なのでしょうか？ 答えは「距離で考えない」が正解。まずは自分で設定した「時間」で走ることが大切です。10分間走れるようになったら、今度は15分間といった感じで、少しずつ走行時間を増やしていき、約1ヵ月で60分間走れるようになることを目標にします。

また、走り慣れてくると、タイムを伸ばすことばかり考えてしまうビギナーもいますが、タイム向上よりも、設定時間内をよりラクに走れることが大切。タイムばかり気にすると、苦しいだけで楽しくありません。設定時間内をラクに走ることが、結果的にタイム向上につながり、長続きさせることにもなるのです。

本当に走り始めのビギナーは折り返しコースで！

P18のコース解説で、オススメは周回コースと説明しましたが、本当に走り始めの時期は折り返しコースが適しています。自宅からスタートし、折り返しで設定したコースを10分の地点まで走ったら、同じコースを戻ってきます。これを繰り返すことで、15分の地点、20分の地点と走れる時間を少しずつ伸ばしていきます。1ヵ月間で30分の地点まで伸ばすことができたら大成功。調子によって距離も変化するので、ビギナーにはオススメです。

ランで感じられる変化

❶ ラクになる
❷ 速くなる

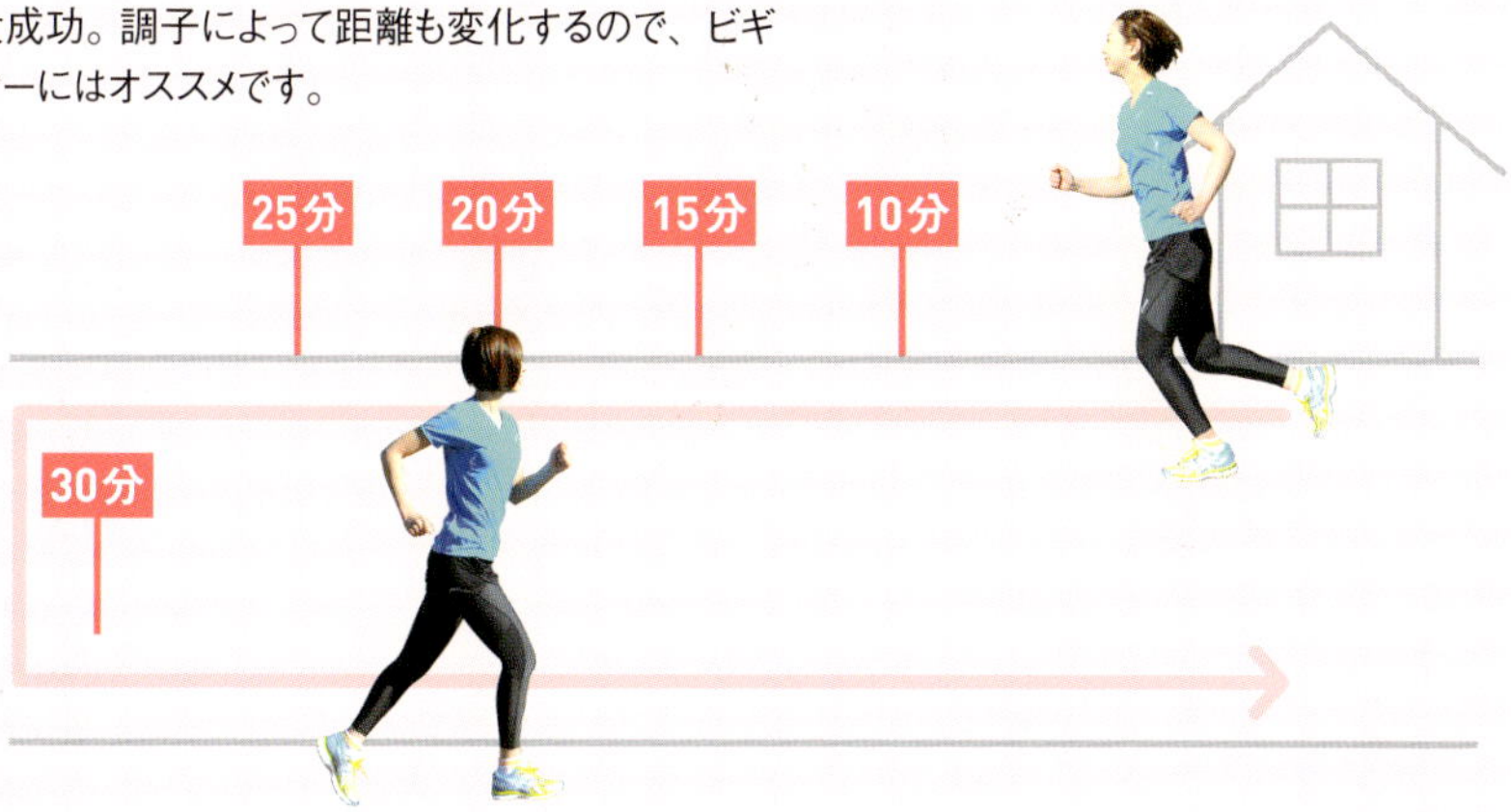

最初の1ヵ月の目標は60分走れるようになること

走り始めてから1ヵ月経過したころに、60分間ラクに走り続けられるようになっていれば、走れるカラダづくりは順調といえます。もし、美容と健康の維持が目的であれば、継続的に60分走っていれば十分です。それ以上走ると、カラダの負担も増してくるので、フルマラソン完走といった目標がないと、あまり走る意味がなくなってしまいます。もし、その時点でもっと走る力を伸ばしたいと思ったら、まずは自分の目標を立ててみましょう。

4th STEP クリニック

坂道でフォームがメチャクチャに！

走り始めると、道路には意外と起伏が多いことに気づいたりします。坂道が苦手なランナーなら誰もが、坂道をラクに攻略したいと願っているはず。坂道は、自分の体幹レベルが試される場でもあります。平地ではごまかせても、坂道では体幹の力をきちんと使えているか、いないかで如実に違いが表れるのです。

エネルギーの消費を抑え、タイムを落とさずに坂道を走るためのコツは、「上り坂は頑張らない、下り坂は速度を落とさない」ことです。フォームを崩しながら、やみくもに走ってはダメ。体幹の力をしっかり使い、傾斜に対するカラダの使い方や考え方を身につけることが、効率的な坂道攻略には不可欠なのです。

上り坂と下り坂の攻略法

坂道攻略の基本は、上りはゆっくり入ること。ラクなペースで上り始め、徐々にペースを上げていくイメージで走ります。上りのフォームは平地のときよりも前傾を深くし、ひじの角度を広くして後方に大きく引きます。上り切っても200mくらいはピークを持続し、落ち着くのを待ちます。下りはブレーキをかけずにタイムをかせぐこと。前傾姿勢を保って後方に足を着くイメージで走ります。

ひじの角度を広くし、低い位置で後ろに引く。前傾を平地よりも深くし、腹筋と骨盤の力で足を引きつける。

地面と垂直になるよう意識してカラダを前傾。平地のときよりも後ろに足を着地させるとブレーキがかからない。

向かい風と追い風にも注意!

風に対する対策も重要です。まず向かい風と追い風では、向かい風に感じることのほうが多いということ。追い風は真後ろから強めに吹かないと感じることはありません。逆に向かい風はすぐに感じ取ることができ、横風も向かい風に感じるため、割合的に向かい風のケースが多くなります。フォームのポイントは、双方とも前傾を維持すること。また、向かい風ではみぞおちで風を切るイメージで走ります。

風の強さに応じて前傾を深くしながら、胸を張って、みぞおちで風を切るイメージで走る。

カラダが後ろに反り返らないように注意しながら、カラダを前傾させてブレーキをかけずに走る。

4th STEP

クリニック

雨とランナー

天候に影響を受けやすいランニング。
雨が降ったときは、体幹スイッチを！

屋外を走るランニングは、天候の影響を受けやすいスポーツです。とくに雨の日などは判断の基準に迷うところ。ビギナーの場合は、雨の日にムリをして走る必要はありません。雨の日は、ストレッチと体幹スイッチで体幹力のレベルアップに励みましょう。もし、走る場合は、気温20℃以上という条件をクリアしていればOK。その場合は遠くで走ると、帰宅途中に風邪をひくことがあるため、自宅からのコースを走ります。

出発前にお風呂を沸かしたり、体調管理に注意しましょう。

20℃以下の雨の日は走らない！

Advice1

雨の日に走るかどうかの判断基準として、気温20℃以下の雨の日は走らない、というルールをオススメします。20℃以上であれば、ランニング中にカラダが冷えることもないので、通常のランニングウエアでも問題は少ないはずです。それより気温が低い場合は、体幹スイッチに時間を使いましょう。

雪国の人はどうする？

首都圏近郊の場合は、雪が少ないので冬も比較的問題なく走れますが、雪国の場合はそうもいきません。1つの方法としては、長いトンネルやプロムナードの商店街を利用する手があります。そこなら雪を避けて走ることができます。また、軽い積雪なら、新雪の上を走ってみるのもオススメ。足跡からランニング中の重心位置を確認できます。

走る場合は短時間に！

Advice2

雨の日に走る場合は、できるだけ短時間で終わらせるようにしましょう。LSD（P145参照）などの長時間のランニングを雨の中で行うと、体温が低下し、体調を崩してしまう恐れがあるので避けること。また、目に雨滴などが入ると意識が上に上がってしまい、バランスが崩れる傾向にあるので、キャップやサングラスを着用することもオススメです。すべりやすい路面にも細心の注意を払って走りましょう。

4th STEP

クリニック

ウエアの選択も意外に大切！

動作を妨げないように、ランニング用のウエアを選びましょう！

ランニングウエアを選ぶ基準は、「走る動作を妨げない」こと。さまざまなウエアがありますが、汗を吸って乾きやすい吸湿速乾性の高いものや、カラダにフィットしたものなど、とにかく走りを邪魔しないことを優先に選ぶことが大切。ランニング用に開発されたウエアを選べば問題はないでしょう。

また、ウエアとソックス、シューズ（P16参照）などはマストでそろえ、キャップやサングラスなどあったほうがよいベター・アイテムは、必要に応じて用意するようにしましょう。

～マストアイテム～

ランニングジャケット
ランニング用は脇部がフィットし、腕振りがスムーズに。

ランニングシャツ
ランニング用は吸湿速乾性が高く、走りやすさを追求。

ランニングパンツ
骨盤の動きを妨げず、足運びしやすいものを選びたい。

ソックス
ランニングに特化して開発されたソックスがオススメ。

タイツ
筋肉サポートや疲労軽減など機能性もさまざま。

ベター・アイテム

キャップ（帽子）
日差しが厳しい夏には、熱中症予防に用意しておきたい。

サングラス
紫外線だけでなく、風やホコリを避ける用途としても。

ウエストポーチ
ドリンクや補給食、小銭、家の鍵などを入れるのに便利。

グローブ
冬に手がかじかむと運動効率が低下するので1つは持ちたい。

腕時計
ペースタイムや走行時間を計測するために用意したい。

4th STEP

クリニック

失敗しない補給術

人間もガス欠になると走れないので、水分や栄養の補給が必要なんです！

人間は走るとエネルギーを消費し、動力源が枯渇すれば走ることができません。そのため、長時間走り続けるには、補給が必要となります。ランニングで補給するのは主に水分と糖質。水分はスポーツドリンク、糖質は消化吸収にすぐれたジェル状食品などがオススメです。

　運動中は胃の消化吸収スピードが低下し、補給から吸収まで約30分の時間を要します。そのため、早めの補給が大切です。目安は60分に1回補給が基本ですが、乾く前、減る前のこまめな補給を心がけましょう。

渇く前、減る前に補給が基本！

Advice1

のどが渇くということは、すでに体内の水分量がかなり不足した状態。その時点で飲んだとしても吸収までに時間がかかるため、その間は脱水状態になります。これが繰り返されると、補給と消費のバランスが崩れてしまうため、乾く前に飲むが基本です。糖質も同様で、空腹を感じてから補給すると吸収までの約30分はガス欠状態になるので、早めの補給が鉄則。

レースの場合

水分補給

10kmレースまでなら飲まなくてもOK。ハーフやフルマラソンなら5kmごとに給水所がある場合が多いので、そこで飲んでおきましょう。

補給食

10kmレースまでなら不要。ハーフやフルマラソンでは、10kmに1回消化吸収のよいジェル状食品などで補給しておきます。つまり、ハーフなら1つ、フルなら4つ携帯しておく必要があるということ。

練習の場合

水分補給

30～60分のランニングなら終わった後にコップ一杯分でOK。60分以上長めに走る場合は、30分に1回補給することを心がけましょう。

補給食

60分以内のランニングであれば必要ありません。90分以上走る場合は、60分に1回補給すれば問題なく走ることができるでしょう。60～90分の場合、ほぼ全力という強度の練習であれば60分に1回補給しておくと安心。

4th STEP
クリニック

「足が止まる」現象を克服せよ！

足が止まってしまうのは、練習不足か補給の失敗が原因なんです！

長い距離を走っていると、突然ペースが落ちて走れないという「足が止まる」状態になってしまうことがあります。これは、練習不足で走り切る足ができていないという理由もありますが、補給の失敗も大きな原因と考えられます。人間は「全力で90分間」分のガソリンしか入りません。そのため、補給が十分にできないとガス欠で走れなくなるというわけです。

俗にいう「30㎞の壁」とは、正確には「90分の壁」。一般ランナーなら13～20㎞くらいでガス欠になる可能性があるのです。

「足が止まる」3つの原因

❶ 練習不足

単純に練習が足りず、レースを走り切る足ができていないことで足が止まってしまいます。LSD(P145参照)などで、走れる足をしっかりつくりましょう。

❷ 脱水

水分補給の遅れにより、補給と消費のバランスが崩れて脱水状態に。頭痛や体温上昇、けいれん、めまいなどの症状があり、乾く前の水分補給で予防できます。

❸ ハンガーノック

人間は糖質(グリコーゲン)をもとに脂肪細胞を燃焼させながらエネルギーに転化していきます。このエネルギーの補給がうまくいかず、極度の低血糖状態に陥った状態が「ハンガーノック」です。運動中は血液が筋細胞に集中するため、胃の消化吸収スピードが低下。糖質が枯渇した状態から補給しても、吸収に時間がかかるため、ガス欠状態になってしまうのです。60分に1回は補給しましょう。

足が止まる理由は、練習不足と補給失敗が半々くらいの割合なんです。

4th STEP

クリニック

「無敵状態」と「限界」がランダムに押し寄せる?

～ランニング時の3ステップ～

最初の数分は誰でも苦しいんです。酸素供給のバランスが整うとラクに!

走り始めの数分間は苦しくても、同じペースでガマンしていると急にラクになってきます。その状態になると、どこまでも走り続けられそうな気持ちになるのです。これは、運動に対する酸素の需要と供給のバランスが整ったために起こる現象。走り始めは酸素の供給が追いつかないために苦しさを感じますが、時間の経過とともに安定します。ランニング中は、この「無敵状態」と「限界」の波がランダムに繰り返されていくのです。

ビギナーがあまりムリすることはオススメしませんが、慣れてきたら少しガマンして、このラクな状態を体験してみましょう。走ってもまったく苦しくないという不思議な感覚に楽しくなるはず。

誰でも走り始めの数分は苦しい！

Advice1

運動を開始していない通常の状態から走り始めると、どんなトップランナーでも最初の数分間は苦しさを感じます。これは、運動に対して酸素の供給が追いつかず、需要と供給のバランスが崩れている状態で「デッドポイント」と呼ばれています。これが10分ほど経過すると、酸素供給のバランスが整って、ラクになる瞬間が訪れます。これを「セカンド・ウインド」といいます。よくトップランナーが大会などでウォーミングアップを行いますが、スタート時からこの状態に持っていくために行っているのです。さらに、走り続けると今度は「ランナーズハイ」と呼ばれる快感を感じることがあります。これは運動と酸素供給のバランスがピンポイントで合致した状態で、「ステディ・ステイト」と呼ばれています。これがずっと継続できればよいのですが、動き続ければエネルギーが消費されていくので、そこで体内の状態が変化し、苦しくなったり、安定したりを繰り返していくのです。

❶ デッドポイント

走り始めの約10分間は、運動に対する酸素供給のバランスが追いついていません。最初の1～2kmが苦しいのは、デッドポイントのためなのです。

❷ セカンド・ウインド

走り始めてから10～15分くらいが経過すると、酸素供給のバランスが整ってきます。すると苦しさが解消され、走りがラクになる瞬間が訪れます。

❸ ステディ・ステイト

セカンド・ウインドから、さらに快感を感じる状態になります。これは酸素供給と運動のバランスがピンポイントで合致し、あまり苦しさを感じない状態。

自分より速い人と一緒に走ろう！

Advice2

誰でも走り始めの数分間は苦しいですし、中級者以上であれば、スピード練習などで速いペースで走り続けると、つらくなってすぐにペースを落としてしまうことも。ひとりで走っていると、自分でペース・コントロールをしなければならないので、持続して走ることへの負担が大きく感じられます。でも、誰かと一緒に並走すれば、その負担を軽減できるのです。ビギナーであれば、自分と同じようなペースで走るランナーと並走すれば、ペースを落とさずにラクに走ることができます。また、中級者以上であれば、自分より速い人と走ることで、ついていくうちにラクになったりします。成功体験をすることで自信がつき、走りに粘りが出るようになるのです。

4th STEP
クリニック

こうすれば効果的！信号活用術

できるだけリズムと心拍数を崩さないように走りましょう！

公道を走っていると、どうしても信号で止まらないといけません。信号で止まるとリズムが崩れ、心拍数も落ちてしまい、それをもとに戻すのに時間がかかります。ゆえに、ビギナーはできるだけ信号は避けたいところ。

しかし、現実問題として信号を避けるのがムリなら、それを有効に活かす対策が必要となります。たとえば信号までを歩いてウォーミングアップに使い、以降は信号が少ない場所から走り始めるなど工夫が大切。これからいくつかの信号対策を紹介していきます。

姿勢をリセットする

Advice1

信号で止まったとき、ストレッチや体幹スイッチを行って、姿勢をリセットすることも効果的。長時間走っていると、疲労によって無意識にフォームのバランスが崩れてしまうこともあります。それをストレッチや体幹スイッチでリセットすると、以降の走りがさらにラクになるのです。

ストレッチ&スイッチ！

ビギナーはできるだけ信号を避けること！

ラクに走るためには心拍数とリズムを安定させることが大切です。しかし、信号で停止すると、心拍数が下がり、安定していたリズムもリセットされてしまいます。これをもとに戻すには、時間がかかり、エネルギーの消費も増えてしまいます。ビギナーはできるだけ信号を避けましょう。

Uターンする！

Advice2

信号で止まりたくないのであれば、Uターンすることもオススメ。信号が赤になってしまったら、そこで引き返し、青になるであろうタイミングを図って再び戻ってくればよいのです。単純な方法ですが、心拍数もリズムも崩れないという利点が。

ランナーには季節対策は必須！

気候の影響を受けやすいランニング。1年中同じメニューでは非効率です！

季節による気温や天候の変化は、ランニングにも影響します。真夏の炎天下で長時間走るのは熱中症の危険があり、真冬に高負荷のトレーニングを行えばケガの可能性が高まります。

1年中、一定のマラソン練習ばかり行うのは、効率的ではなく、気候によって最適の練習メニューを選択することが大切なのです。青山流の考え方として、春は高負荷のスピード練習、夏場は水泳などを併用するクロストレーニング、秋冬はレースシーズンという具合に、季節ごとのテーマを設定しています。

～AOYAMA流季節対策～

クロストレーニング

夏

夏は日差しが強く、気温も高すぎるため、長時間のランニングは避けるべきです。走ったとしても60分以内に収めたほうがよいでしょう。給水もこまめに行うことを忘れずに。この短い走行時間を補うために、水泳やバイク(自転車)を併用するクロストレーニングを行います。これらはカラダの負担も少なく、体幹によい刺激を与えられるのでオススメです。

スピードを鍛える

春

気候が暖かく、走りやすい季節。このシーズンは、高負荷のトレーニングを行って、スピードを鍛えるのに最適です。ビルドアップ走やインターバル走(P146参照)などのスピード練習を中心に行い、走力のベースを高めていきます。この時期にベースのスピードがアップすれば、その後の目標達成に大きく近づくことができます。思い切って走りましょう。

レース・シーズン

秋冬

秋冬はレースシーズンなので、大会に向けた準備を行うのがテーマです。11月末と3月末のレースに目標を設定すると、スケジュールが組みやすいので、オススメです。青山流では、大会までの練習メニューは、12週間を基本とし、目的に合わせたプログラムを組んで実践していきます(P148参照)。プログラムは9月、1月にそれぞれスタートさせます。

Team AOYAMA ランニングメモリー

Column 04

「食事」のアドバイス

忙しくて食事が不規則な人は サプリメントで栄養をサポート!

ランナーには、栄養バランスのとれた食事が必要です。日本人なら和食をとることがベストですが、現代の生活ではなかなかそればかりというわけにもいきません。とくに、忙しくて食事が不規則な人は栄養の偏りを不安に感じることもあると思います。私も海外遠征などが多く、忙しくて食事もままならないことがありますが、そんなときに重宝するのがサプリメントです。かつては私もいろいろと食事に関して、細かく指導していた時期もありましたが、食事を制限してしまうと、それに対する反動が大きく、失敗することが多かったんです。いまは「食べたいものを食べる」でよいとアドバイスしています。そもそも、お菓子やファーストフードのようなものに手を伸ばしてしまうのは、栄養が不足しているためなのです。栄養が足りていれば、そういうものは自然と選ばなくなります。そこで、サプリメントを利用します。栄養バランスが不足している食事をとらざるを得ない場合、少量でもよいので定期的にサプリメントを摂取すると、少しずつ改善されていきます。食事の際に不足しがちなビタミン、練習後の基礎代謝アップなどをサポートするアミノ酸の顆粒、就寝前に筋肉をつくる超回復に役立つアミノ酸のタブレット、この3つだけでも始めるとだいぶ変わってきます。トレーニングと同様に、食事やサプリメントは単発での効果は薄いですが、継続することで違いが表れます。サプリメントの継続摂取によって、体調を崩すことも少なくなりますし、風邪もあまりひかなくなります。体調がよければ、それだけ練習も積めるので、結果的に強くなるのです。

5th STEP

カラダのトラブル解消! コンディショニング・メソッド

5th STEP

イントロダクション

走るとココが痛くなる！ 安心の対処メソッド

コンディショニング・フローチャート

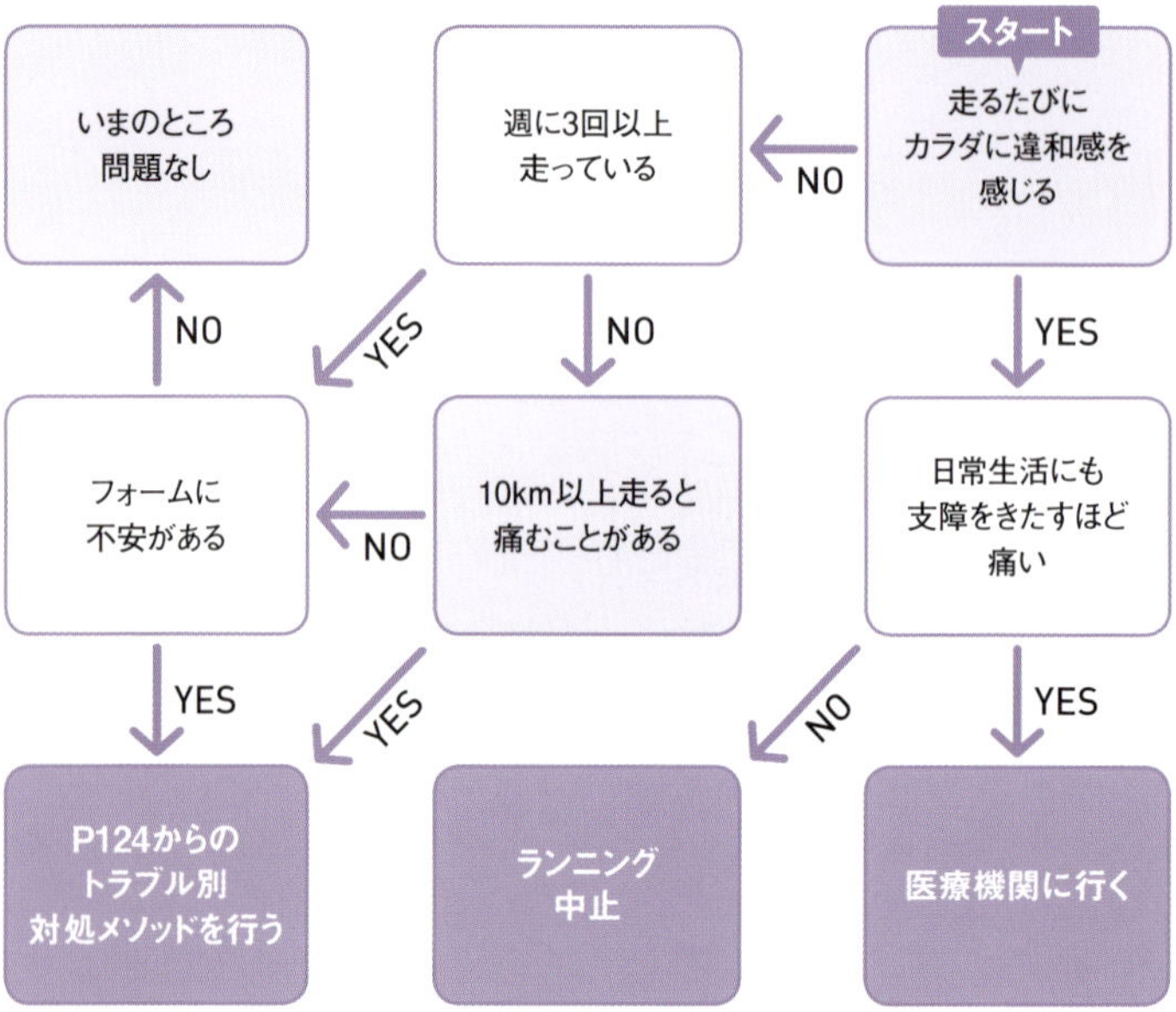

スタート
走るたびにカラダに違和感を感じる
NO
週に3回以上走っている
YES
NO
いまのところ問題なし
NO
YES
日常生活にも支障をきたすほど痛い
10km以上走ると痛むことがある
NO
フォームに不安がある
YES
NO
YES
YES
医療機関に行く
ランニング中止
P124からのトラブル別対処メソッドを行う

ここからはTeam AOYAMAコンディショニング担当の前波卓也が解説します！

ランニングを続けていると、カラダの各部に痛みを感じ、それが悩みのタネになったりします。痛みをごまかしながら走り続け、故障が悪化してしまったら、せっかくのランニングも楽しくありません。まずは、上のフローチャートで自己診断をしてみましょう。日常生活でも痛みを感じるくらいであれば、医療機関に行くことをオススメします。

また、普段は痛まないものの、走るたびに痛くなる場合は走るのをやめて体幹スイッチなどのエクササイズに切り替え、本章で紹介するトラブル別対処メソッドでケアを行います。軽い違和感や時々痛むことがある場合も、走った後などにこのメソッドを実践してください。

～ランニングで生じる主な痛み～

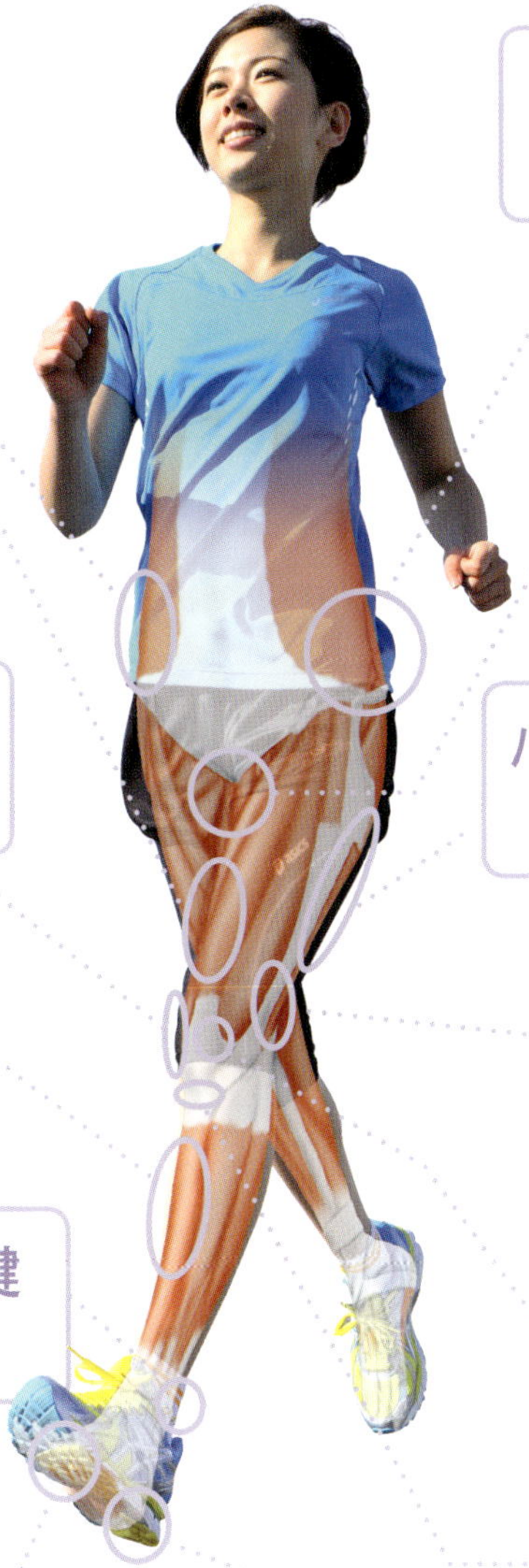

脇腹
P137

前もも
P132

ひざ内側
P126

すね
P136

アキレス腱
P129

腰
P134

股関節
P135

ハムストリングス（もも裏）
P133

ひざ外側
P127

ひざ皿の奥
P128

ひざ下部
P125

足のマメ
P130

足の裏
P131

5th STEP

対処メソッド

トラブル別対処メソッド

カラダに違和感や痛みを感じるということは、オーバーユース(使いすぎ)かフォームに問題があるということ。前者の場合は休養すれば回復しますが、動きの問題であれば、回復したとしても根本的にフォームを修正しなければ再発の恐れがあります。ある痛みに対しては、必ず原因となる動作があるもの。痛みというものは、問題点を明確に指摘してくれるサインだといえます。マイナスに考えるのではなく、レベルアップできるチャンスなのです。

そこで、ここからはトラブル別の対処メソッドを紹介。痛みの原因となるフォーム、予防法、痛みに対するケアという3つの構成でトラブルを解決します。

～トラブル解決の3ステップ～

ステップ 1 原因

正しいフォームで走っていれば、痛むことはありません。痛むということは必ず動きの中に原因があるのです。痛む部位別に原因となる悪いフォームと動きを解説します！

ステップ 2 予防

痛みは根本から改善しなければ、再び発症してしまいます。原因となるフォームを分析し、それを修正するエクササイズを行うことで、痛みを未然に防ぐことができます！

ステップ 3 対処

痛んでしまった部位は、ランニング後に適切なケアを行わなければいけません。マッサージやアイシング、ストレッチといった対処法を、部位別の正しい方法で行いましょう！

痛みには必ず原因があります。
適切な対処と予防で改善しましょう！

トラブル1 ひざ下部の痛み

予防法 バランスの修正

上方に跳びはねるフォームは、ひざの動きを修正する必要があります。ひざ曲げスクワットで、つま先とひざの向きをまっすぐに合わせるクセづけを行ってください。また、跳びはねるということは、腕を前や横で振っている可能性があるので、腕前後振りを行い、肩甲骨の動きを活性化させながら、カラダ全体のバランスを正しく整えましょう。

※ P100 のフォーム改善策も有効。

ひざ曲げスクワット

→ P62

腕前後振り

→ P65

上方にピョンピョン跳びはねて走ると、ひざの曲げ伸ばしによって、過度の荷重がかかり、ひざ下部の負担が大きくなってしまう。

対処② ひざ裏のアイシング

アイシングはひざ下に直接当てても深部まで冷やしにくいので、ひざ裏に当てます。ひざ裏には大きな動脈があり、そこを冷やすことで冷えた血液が深部まで行き渡ります。

対処① 太もものマッサージ

前ももの筋肉はひざ下の腱でつながっています。ひざ下が痛むということは、前ももの筋肉が緊張し、つなぎ目が引っ張られた状態。両手で前ももをマッサージします。

トラブル2 ひざの内側の痛み

予防法 バランスの修正

つま先が外側に向き、ひざの内側に負担がかかった状態。双方の向きが合っていないことでねじれが発生し、ひざの内側の筋肉に過度の荷重がかかることが原因です。そこで、ひざ曲げスクワットでひざとつま先の動きを修正してあげます。また、腕も前や横で振っている可能性があるので、腕前後振りで肩甲骨に刺激を入れ、カラダ全体のバランスを整えていきます。

ひざ曲げスクワット

→P62

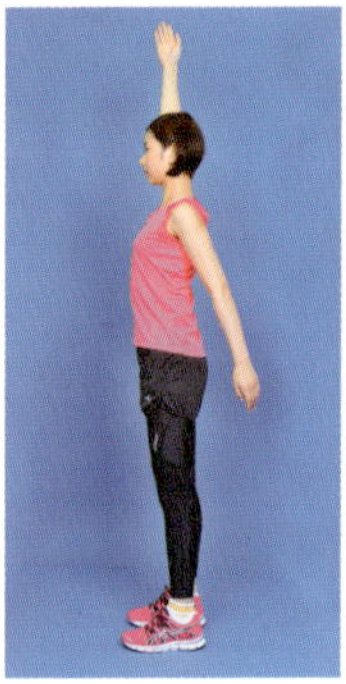

腕前後振り

→P65

つま先が外側を向き、ひざの内側に負担がかかったフォーム。ひざの内側の筋肉が引っ張られた状態になることで痛む。

対処① 足首のストレッチ

つま先が外側に向くというのは、足首関節の硬さも原因。柔軟性を促進させるために、ストレッチを行うとともに、足首をまっすぐ伸ばすことで正しい動きへと誘導します。

対処② 関節リセット

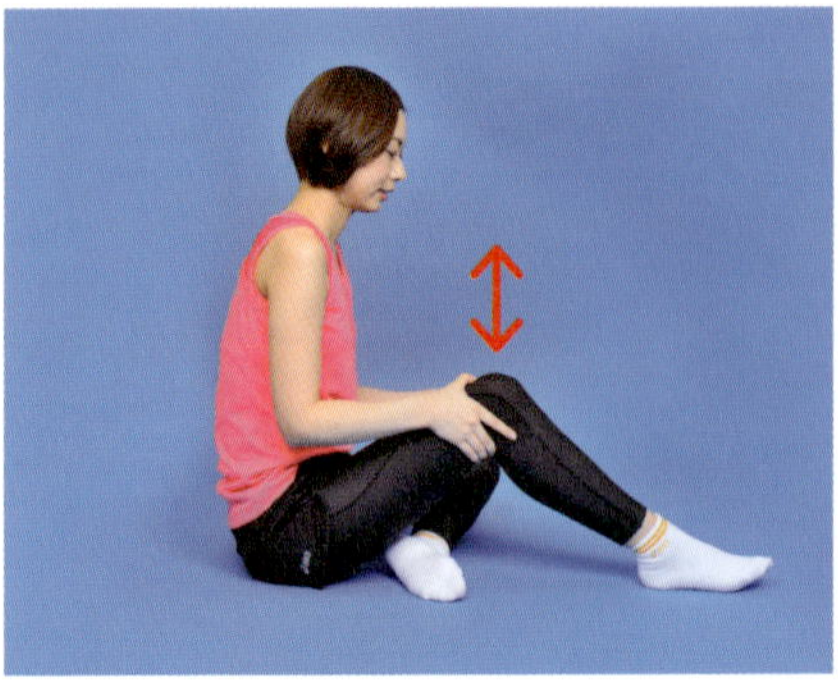

過度の圧力にさらされたひざ関節は、緊張をほぐすことが大切。ひざの上部を両手で持ち、ひざを上下に振って緊張した関節をゆるめます。緊張がほぐれれば痛みも緩和。

トラブル3　ひざの外側の痛み

予防法 重心を拇指球に!

重心が足の小指側に乗ってしまっているために、ひざの外側に過度の負担がかかることが原因。まずは、重心を拇指球に乗せるために、かかと上げを行って正しい重心位置のクセづけを促します。さらに、ひざ曲げスクワットによって、つま先とひざの向きをまっすぐにし、正しい動きへと誘導していきます。重心移動をスムーズに行えることが大切です。

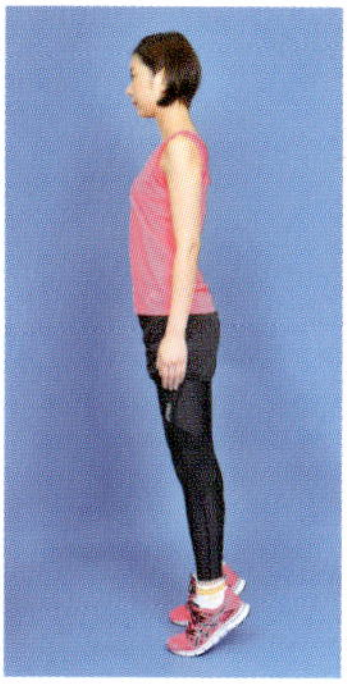

かかと上げ

→P61

ひざ曲げスクワット

→P62

重心が拇指球に乗らず、外側にぶれを起こしている。ひざを中心とした外側の筋肉に過度な荷重がかかり、痛みが発生する。

対処❶ 股関節のマッサージ

股関節の外側からひざ外側にかける筋肉が緊張することで、ひざ外側の腱が痛みます。患部を直接刺激せず、そのつけ根である腰をもみほぐすと、痛みが緩和します。

対処❷ おしりのストレッチ

おしりの筋肉は足の内外の揺れを調整する役割があり、硬いと外揺れを起こしやすくなります。また、拇指球に重心が乗らないのは骨盤の硬さも原因。そこで、ストレッチでおしりの筋肉を伸ばします。

トラブル4 ひざ皿の奥の痛み

予防法 下半身を安定させる

ひざの動きが不安定であるために、カラダのバランス自体がぶれている状態。バランスを取るためにひざ周辺の筋肉が動員され、過度の負担がかかってしまうことが原因です。まずは、全体のバランスを安定させるために踏みつけで確認を行います。また、足の軌道が安定してまっすぐ前を向くように、股関節の動きをよくする骨盤上げで修正していきます。

骨盤上げ

→P80

踏みつけ

→P68

ひざの動きが不安定なため、カラダ全体が外側に崩れているフォーム。ひざ関節に極度な負担がかかり、ひざの奥が痛む。

対処② 股関節のマッサージ

ひざが不安定なのは、股関節の内側の筋力が抜けていることも原因の1つ。バランス取りで負担がかかることが多いので、関連痛を予防する意味でももみほぐします。

対処① 太もものマッサージ

ひざが不安定だと、バランスを取るために前ももの筋肉に負担がかかります。緊張した前ももをマッサージでもみほぐすと筋肉がゆるみ、ひざ皿の奥の痛みが緩和。

トラブル5 アキレス腱の痛み

予防法 足関節の柔軟性アップ

足首が曲がらないために、上体が立って結果的に体重が後ろに乗りすぎてしまった状態。着地の衝撃をひざと股関節で分散できないために、ふくらはぎやアキレス腱に過度の負担がかかってしまいます。この場合は、足を柔らかく動かすためにひざ曲げスクワットを行います。これは、つま先とひざの向きを合わせながら、正しい動作に誘導する目的も含んでいます。

ひざ曲げスクワット

→P62

足首や股関節が硬いために、上体が立ってしまったフォーム。着地の衝撃を分散できないため、アキレス腱が痛む。

対処① ふくらはぎのマッサージ

衝撃をまともに受け続けるため、ふくらはぎが緊張し、アキレス腱を引っ張っている状態。痛みを緩和するにはふくらはぎをマッサージして、筋肉の緊張をほぐしてあげます。

対処② 足底のマッサージ

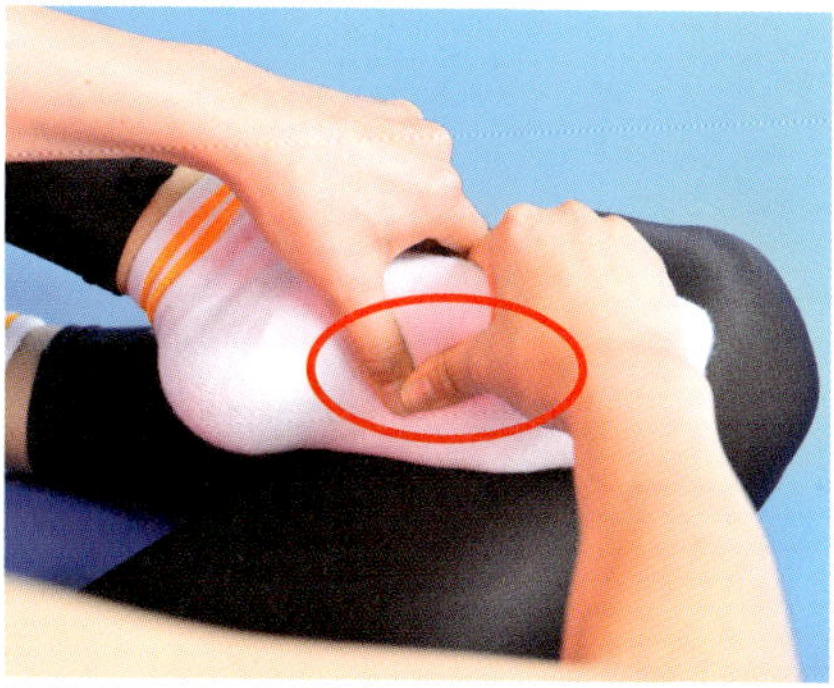

足首が硬い人は衝撃を逃がせないので、同時に足の裏も痛めている場合がほとんど。着地で沈んだ足底のアーチをマッサージで戻せば、衝撃を緩和させることも。

トラブル6

足のマメ

予防法 足底アーチの回復

前につんのめって走ると、足の指で掻《か》くような動きをしてしまう場合があります。それがシューズの中で摩擦を生み、マメに発展してしまうのです。この場合は、タオルなどを床に敷き、それを足の指でたぐり寄せるトレーニングを行うと、足底のアーチが高くなり、突っ込んだ着地を防ぐことができます。

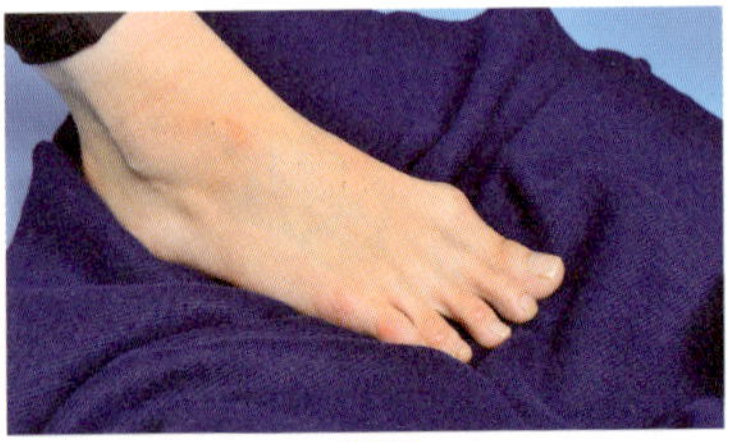

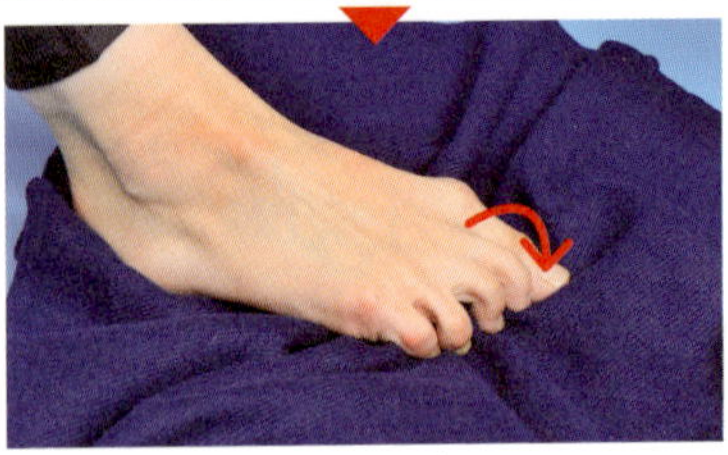

足底アーチ・トレーニング

前方につんのめったようなフォーム。つま先に重心が偏りすぎて、足とシューズで摩擦が生じてしまい、それがマメを引き起こす。

対処❶ 足底のマッサージ

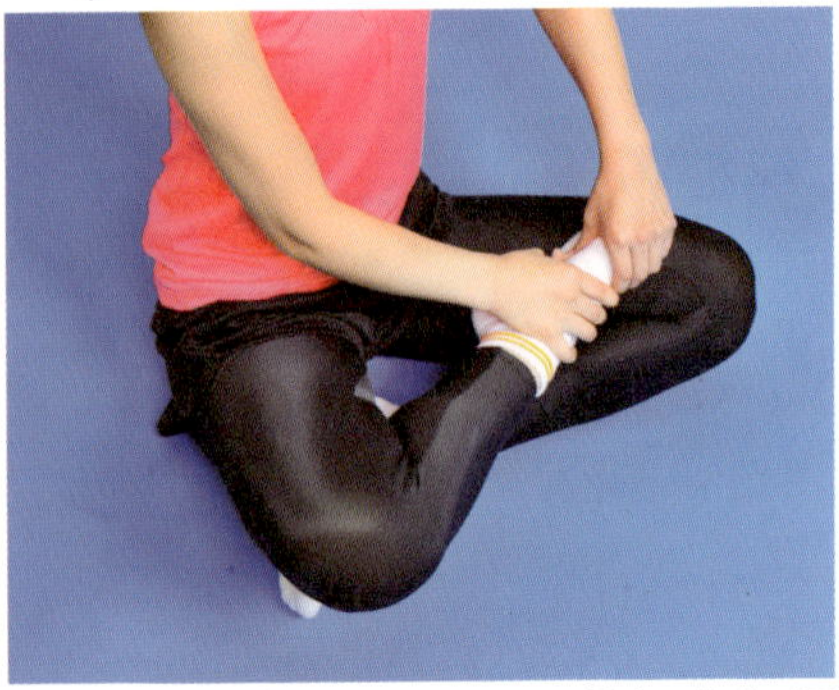

足の指にムダな力が入っているため、足底の筋肉が緊張した状態に。それをほぐすことで、足底のアーチが高くなり、指先が柔らかくなって、自然に着地ができます。

対処❷ 足底にテーピング

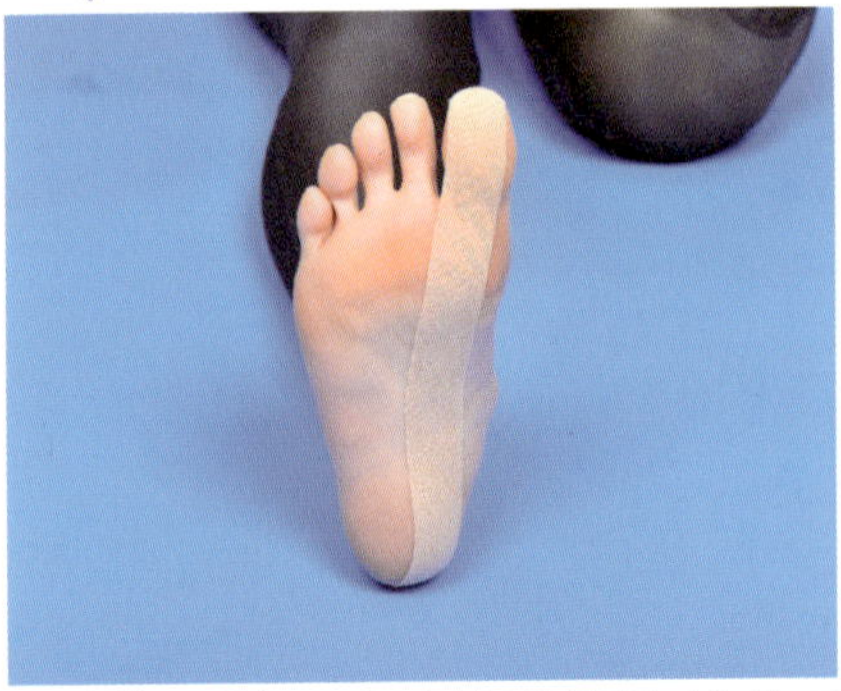

足の親指から足底アーチ、かかとにかけてテーピング。すると、着地によるアーチの沈み込みを防ぎ、かかとから拇指球に抜ける正しい重心移動を誘導できます。

トラブル 7 足の裏の痛み

予防法 腰のフォーム修正

足の裏の痛みはベタ足着地が原因ですが、ベタ足の原因は腰が落ちた姿勢にあります。腰の位置と姿勢を正せば、自然に正しい着地ができるようになるのです。おしり突き出しスクワットで骨盤を前傾させれば、カラダの真下に着地できるようになります。また、上体起こし腹筋で正しい姿勢をキープできるようにします。

※ P94 のフォーム改善策も有効。

おしり突き出しスクワット → P64

上体起こし腹筋 → P54

腰が落ちた姿勢で、ベタ足で着地しているフォーム。荷重がもろに足の裏にかかるため、足底のアーチが沈み、痛みを感じる。

対処① 足底のマッサージ

着地の衝撃を足の裏でまともに受け続けることで足底のアーチが沈み、筋肉が緊張した状態に。足底をマッサージして足の裏の筋肉をほぐしてやると痛みが緩和します。

対処② 足の指リセット

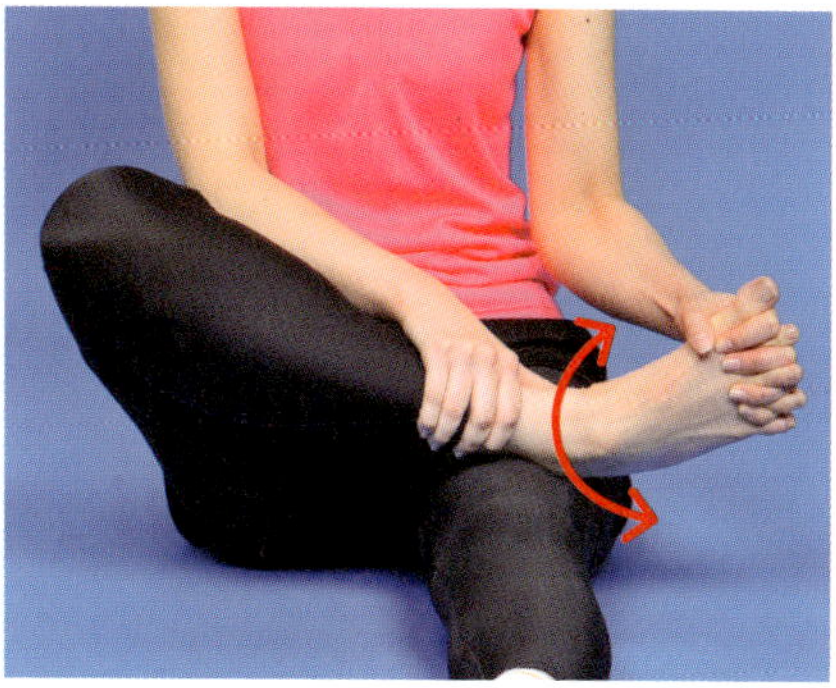

筋肉だけでなく、関節を柔らかくすると効果的。足の指を開き、五指の間に手の指を挟んで足首を回します。関節をほぐすと、筋肉の緊張も同時にほぐすことができます。

トラブル８

前ももの痛み

予防法 股関節と太ももをほぐす

骨盤が後傾すると足が前に出て、後ろに上体が残ってしまいます。それは、股関節と足関節が硬いともいえるので、エクササイズで動きを修正します。おしり突き出しスクワットで骨盤を前傾させる動作をクセづければ、重心を前に向けることができます。さらにひざ曲げスクワットで、ひざと足首の正しい動きを誘導し、足運びを修正します。

※ P102 のフォーム改善策も有効。

おしり突き出しスクワット→P64

ひざ曲げスクワット→P62

重心が後ろにあるため、足が前に出すぎてしまうフォーム。完全に足に頼って走るために前ももの負荷が高まり、痛みが生じる。

対処❶ 太もも外側面のマッサージ

前ももに過剰な負荷がかかると、太もも外側にある腸脛靭帯に痛みを感じることが多いです。そこを手のひらで押し当てるようにマッサージすると、痛みがほぐれます。

対処❷ 股関節のマッサージ

腸脛靭帯が過剰に緊張すると、反対の内ももの筋肉も緊張してきます。股関節の内側を圧迫してマッサージすると、内ももの筋肉と一緒に外側の緊張もほぐれます。

トラブル9 ハムストリングス（もも裏）の痛み

予防法 腹筋を刺激する

腰が反りすぎる「出っ尻」になっているため、骨盤との連動がうまくいかず、着地の衝撃をもも裏で受けてしまう状態。まずは上体起こし腹筋で、腹筋に刺激を入れて腰の反りを修正します。さらに骨盤が連動する動作を整えるために骨盤上げを行います。腹筋で腰の反りを抑え、骨盤との連動がスムーズになれば、ハムストリングスへの負荷が軽減します。

骨盤上げ

→P80

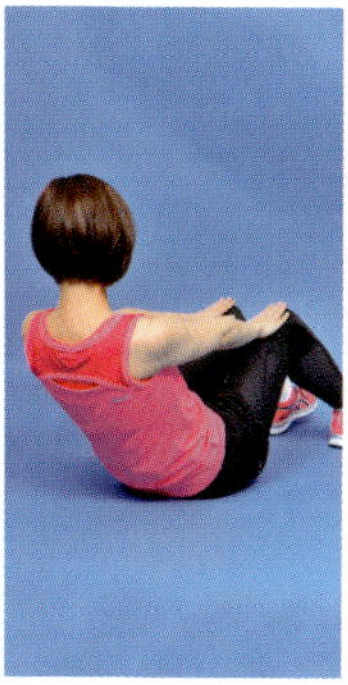

上体起こし腹筋

→P54

腰が反って「出っ尻」のような形になり、跳びはねて走っている。着地の衝撃を骨盤に逃がすことができず、もも裏で受けてしまう。

対処❷ 腰のマッサージ

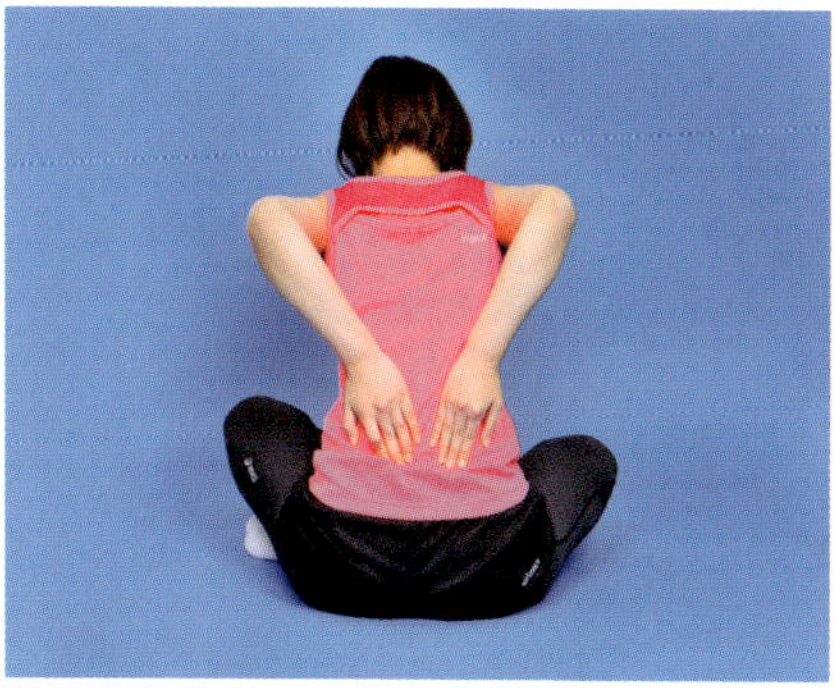

腰の反りすぎによって、腰の筋肉が引っ張られた状態に。痛みがなくても、時間経過とともに発症する場合もあるのでマッサージでもみほぐしましょう。

対処❶ ひざ裏のマッサージ

太もも裏側にある筋肉群「ハムストリングス」が緊張している場合、それらのつなぎ目であるひざ裏の腱をほぐします。すると、それに連動してハムストリングスがゆるみます。

トラブル10 腰の痛み

予防法 姿勢を修正

腰の痛みは、骨盤が後傾し、姿勢が前寄りになってしまうことが原因です。まずは、上体起こし腹筋で腹筋を刺激し、正しい姿勢を保持できるようにすることが大切。さらに、腰の痛みは肩甲骨の柔軟性が悪いことも要因なので、肩甲骨上下を行って、その可動域を広げます。前寄りの姿勢を起こしてあげると、肩甲骨と骨盤の連動によって負担を分散できるのです。

肩甲骨上下

→P72

上体起こし腹筋

→P54

骨盤が後傾し、腰が落ちた姿勢で、ひじが後ろに引けていないフォーム。背中が猫背気味なので、腰の筋肉に負担がかかる。

対処❶ 背中のストレッチ

腰の筋肉が緊張しているので、ストレッチで背中の筋肉を伸ばします。腕を上に伸ばしてもう一方の手で斜め前に引っ張ると、腰から背中の筋肉の緊張がほぐれます。

対処❷ 太もものストレッチ

腰が落ちるフォームは、ひざが深く沈み込み、前ももの筋肉が緊張します。前ももが緊張すると、腰をさらに落とそうとする作用が働くので、ストレッチで前ももをゆるめます。

トラブル11　股関節の痛み

カラダが後ろに反ったフォーム。腰が反りすぎると、骨盤の前面にある腸腰筋が過度に伸ばされる状態が続き、ムリな曲げ伸ばしの回数が増えるにつれ、ストレスが増す。やがて、それは股関節の痛みへと発展する。

太ももの内側の筋力が不足し、内側の軸が外側にブレてしまうフォーム。内側がゆるんでいるため、つま先やひざが外側に向き、股関節にひねりのストレスが加わる。ひねりのストレスが続くことで、痛みが生じてくる。

腰が落ちたフォームによって、股関節が開いて安定性が失われた状態。股関節が不安定なので、まっすぐの動きがとれず、内外のブレが生じてしまうことで過剰なストレスが加わる。ストレスの継続によって痛みに発展する。

対処① 腰のマッサージ

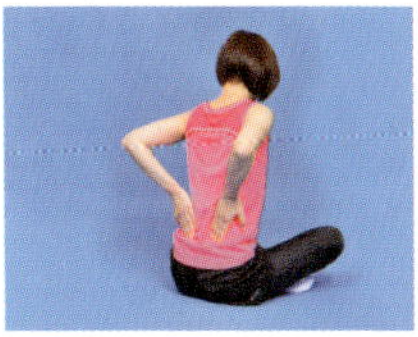

腰が過剰に反ってしまう場合は、周辺の筋肉が緊張した状態に。硬くなっている筋肉をマッサージでほぐせば、腰の反りが修正され、結果的に股関節の痛みもやわらぎます。

対処② 前もものマッサージ

腰が落ちている場合は、ひざが沈んで前ももに負荷がかかります。前ももの緊張で筋肉が引っ張られ、さらに腰が落ちてしまうため、前ももをほぐすことが股関節痛を緩和します。

予防法 内転筋リハビリ

横向きに寝て右手を床につき、右足を前に。左足を上下させる。左右逆側も同様に。

太もも内側にある内転筋群の力が弱い場合は、足が外側に向いてしまい、股関節に外ひねりのストレスが加わることに。内外のバランスを整えるために、内転筋群を刺激するエクササイズを行います。内側に刺激が入ると、外に向く力を抑制でき、正しい動作に修正できます。

トラブル12 すねの痛み

予防法 下半身の動きを修正

ひざが前方内側に倒れてしまうと、地面をけって進むため、すねの内側に強いストレスが生じて痛みを感じます。おしりの力が抜け、カラダの軸を支えられていない状態なので、おしり背筋で刺激を入れ、骨盤の前傾を誘導します。また、拇指球に重心が乗っていないことも原因なので、かかと上げで正しい動作を誘導します。

かかと上げ
→P61

おしり背筋→P56

原因

骨盤が硬いために、ひざが前方かつ内側によれている。地面を足でけることになり、すねの内側の筋肉にストレスが生じる。

対処❶ ふくらはぎのマッサージ

患部を直接もむと悪化させてしまう可能性があるので、緊張状態にある周辺の筋肉をほぐします。ふくはらぎを両手ではさんで、押しながら上下にスライドさせていきます。

対処❷ すね内側のアイシング

すねの内側の筋肉に痛みが生じ、同時に筋肉が熱を持った状態に。これを冷やすことで、痛みが緩和します。アイスパックや氷入りのビニール袋を患部に当てます。

トラブル13 脇腹の痛み

予防法 入念にウォーミングアップ

体内での消化吸収時に発生したガスを胃と腸で吸収しきれず、腹部が膨らんでしまうことで脇腹が痛みます。食後2〜3時間は運動を避けることで予防できます。また、筋肉の温度が低いために、それを温めようと震えてしまう腹部筋肉のけいれんも痛みの原因になります。ストレッチ&体幹スイッチなどウォーミングアップを入念に行い、十分にカラダを温めてから走りましょう。

基本の体幹スイッチ全般

→P54

ストレッチ全般

→P44

脇腹の痛みは消化不良によるガスだまりと、腹部筋肉のけいれんが主な原因。食後の急な運動時に起こりやすい。

対処② 水分摂取

運動によって低下した腸の吸収スピードを、水分を摂取することで正常な状態に戻します。たまったガスを胃と腸で吸収したり、体外に放出できると、痛みが治まります。

対処① 脇腹のストレッチ

局所的にたまった腹部のガスを分散させるために、脇腹(腰横)のストレッチを行います。また、ガスがたまることによって緊張した腹部の筋肉をほぐす効果もあります。

5th STEP

対処メソッド

「足がつる」のメカニズム

「足がつる」とは筋肉のけいれん。
原因と対処がわかれば安心です！

長時間のランニングを行うと、突然激痛とともに足がつり、対処に困ってしまうことがあります。どの方向に曲げても痛みが治まらず、レースであれば棄権してしまうケースもよく見られます。

そもそも、なぜ足がつってしまうのでしょうか？　「足がつる」という現象は、筋肉がけいれんを起こしている状態。筋肉のけいれんには、主にミネラルの不足、オーバーワーク、冷え、筋バランスの欠如という4つの原因があります。これらに対し、きちんとした知識と対処を覚えておけば、予防することも可能です。また、足がつっても、正しい対処を知っていれば安心。これからそのメカニズムと対処のポイントを解説していきます。

～「足がつる」4つの原因～

オーバーワーク

筋肉を長時間の運動で酷使し続けると、運動性疲労がたまります。この疲労物質がたまり続けると、筋肉が硬くなり、損傷を起こす危険性が高まります。それを脳が感知し、カラダの防御反応として筋肉のけいれんを起こすのです。

ミネラル不足

汗をかくと、ナトリウムやカリウムといったミネラルが体外に放出され、細胞内のミネラルバランスが崩れます。すると、脳が異変を感知し、筋肉のけいれんという形で危険のサインを送ります。それが「足がつる」現象なのです。

筋バランスの欠如

たとえば、腱でつながっている左右の筋肉のうち、左が緊張し、右がゆるむというバランスを欠いた状態のとき。そのまま運動を続けると、筋肉のストレスが生じ、脳が危険を感知します。すると、脳の防御反応として「足がつる」現象を引き起こします。

冷え

気温の低い中で長時間走り続けると、運動で温まった筋肉がやがて冷え始めます。体内でこの冷えた筋肉を温めようとする作用が働き、細胞が震えて筋肉がけいれんを起こします。ウォームアップをせず、筋肉が冷えたまま運動を始めたときに起こる場合も。

もし、足がつったら……

❶ ストレッチ

まずは、力を抜くことです。力を抜くとは、ストレッチで筋肉の緊張をほぐしてあげること。ふくらはぎなら足首回しやひざ回し、太ももだったら股関節回しなど、動きながら行う動的ストレッチを行うと効果的です。

❷ マッサージ

マッサージといっても、強く「もむ」のではなく、「さする」マッサージです。もむのは悪化を招くのでやめましょう。素早く両手で患部をさすってあげると、摩擦で筋肉が温まり、けいれんが治まることがあります。

●「足がつる」4つの予防策●

1 ミネラル補給

汗をかくことで体外に放出されてしまうミネラル。放置すると、ミネラル不足を招いてしまうため、ミネラルが含まれるスポーツドリンクやジェル状食品でこまめに補給します。

2 休養

オーバーワークも「足がつる」原因となるので、走るたびにつってしまう場合は、ランニングを休みましょう。エクササイズに切り替えて、体調を万全に整えること。

3 筋肉を温める

筋肉が冷えることで「足がつる」現象を誘発するのであれば、逆に温めることが予防に。筋肉を両手のひらで素早く軽くさすり、その摩擦によって筋肉を温めます。

4 ストレッチ

筋肉が緊張しているために、けいれんを起こし、足がつってしまうのです。筋肉の緊張をストレッチでほぐしてあげれば、「足がつる」現象が起こりにくくなります。

Team AOYAMA ランニングメモリー

Column 05

「レース本番」に挑む

初めてのフルマラソンでは
なにより落ち着くことが大切！

初めてのフルマラソンに挑戦するときは、わからないことが多くて不安になることも多いと思います。まずは、ものの準備が心の準備につながるということで、2週間くらい前からレース本番で使用するウエアやシューズなど必要なものをそろえておきましょう。また、現地までの経路や出発時間、宿泊施設なども早めにチェックすると心が落ち着きます。レースは日曜日に開催されることが多いのですが、金曜日にしっかり睡眠をとることが大切。土曜日は緊張して眠れない場合もありますが、医科学的に前日に眠らなくてもレースには影響しないので心配はありません。その代わり金曜日にしっかり眠っておきましょう。レース当日、現地に到着したら、早めにトイレに行って、ストレッチや体幹スイッチを行います。いつもやっていること、慣れていることを実践すれば緊張がほぐれるのです。そして、早め早めの行動を心がけてスタートラインに並びます。このとき、目標タイムごとに並びますが、自分の目標タイム枠の前のほうに位置取りできるようにしましょう。スタート直前は、レースプランをあれこれ考えるより、この場所に立てていることに感謝してください。スタートラインに立てるのは、家族や友人など周囲の人の支えがあってこそ。そういう考え方をすれば、落ち着いて走ることができます。スタート時は混雑しているので、ムリに追い抜こうとせず、流れに乗って人とぶつからないように走りましょう。あとは、自分の目標ペースに合う対象のランナーを見つけてついていき、30km地点までは一定。そこからよ～いドンでベストを尽くすだけです。

6th STEP

レベルアップしたい人の12週間プログラム

6th STEP

イントロダクション

レースにエントリーしてみよう！

60分をラクに走れるようになったら
レースへの挑戦が見えてきます！

ランニングを始めて、60分をラクに走れるようになったら、そろそろレース挑戦を視野に入れてもいい頃です。では、60分走れたらすぐにレースに出場してもOKかというと、青山式ではNO。ビギナーであれば、3ヵ月後にハーフ、6ヵ月後にフルマラソン出場を設定すれば、余裕を持って準備ができます。また、完走できる走力の条件は、半分の距離をきっちり走れるようになること。フルであれば20㎞を気持ちよく走れたら、十分に完走できるでしょう。

さて、レース挑戦を目標に設定した場合、どんなことに注意すればよいのでしょうか？　ここからはレースへ向けた準備のポイントを解説していきます。

～レース・エントリーの流れ～

❶ 出場レースを選ぶ

ランニング誌やスポーツショップに置いてあるパンフレット、インターネットなどから大会の情報を入手し、出場レースを選びます。

❷ 申し込む

レースごとの規定に従って申し込みます。公式サイトから直接申し込める場合もありますが、やりやすい方法を選択しましょう。

❸ 抽選によって決定

知名度や人気の高いレースでは抽選が行われる場合も。当選すれば正式にエントリー。落選したら他のレースに申し込みましょう。

AOYAMAチェック!

レース選びのポイント

さまざまなレースがあるので、なにを基準に選ぶべきかわからないビギナーも多いのでは? ここでは基本的なレース選びのポイントを紹介。自分の条件に合ったレースを探してみましょう!

1 | 時期

十分な準備期間が確保できる時期のレースを選びましょう。また、自分のスケジュールと照らし合わせ、大会当日まで問題がないか確認。

2 | 距離

10kmか、ハーフか、フルか、自分が出場したいレースの距離を確認。また、フルマラソンには段階を踏んでから挑戦しましょう。

3 | コース

レースではどういうコースを走るのか申し込む前に確認しておきましょう。また、自宅から日帰りで行けるのかどうかも重要な選択基準に。

4 | 制限タイム

レースには時間制限があります。6時間以内、7時間以内などフルマラソンなら、自分のレベルでその時間内にゴールできるかを確認。

5 | タイムが出るコースか?

頑張るレース、楽しむレースという目的の区分けを明確に。起伏が少なく、タイムを出しやすいコースであれば、自己ベストを狙いましょう。

6 | 飽きないコースか?

楽しむことが目的であれば、コースの景観や構成も大切。楽しみたいのに、変化のない直線折り返しコースだと飽きてしまいます。

7 | 本命か? サブか?

そのレースが本命のレースなのか? それとも準備のためのテストレースなのか? 参加する目的も明確に。それによって走り方も変化。

レースでベストの走りをする方法

レースでよい結果を出すには、調子がいいからといって、前半から飛ばさないこと。ハーフなら15km、フルなら30kmまで自分が設定したペースで一定に走ることがポイントです。その地点を超えてから「よ～いドン」でスパートをかけると、70～80%の確率で目標を上回る結果を出せるでしょう。

フルマラソンは30kmからが本当のレース!

6th STEP

トレーニング

トレーニングの方法はいろいろ

レースへの出場が決まったら、あとは練習で走れるカラダをつくっていきます。ランニングの練習といっても、ただやみくもに走ればいいというわけではありません。さまざまな目的を持ったトレーニングがあり、目標に合わせてそれらを組み合わせ、プログラムを組みます。

トレーニング方法はさまざま。それぞれに異なる目的があるんです！

～代表的なトレーニング～

トレーニング 1 ウォーキング

長時間歩くことで走り込める足をつくる!

4時間でフルマラソンを走りたいなら、その前に4時間歩き続けられる足がないと不可能。負担の少ない早歩きで長時間歩き、体重を支える足の基礎力を高めていきます。ウォーミングアップやクールダウンとしても活用。

トレーニング 2 ジョグ

速くもなく遅くもないベーシックなランニング

ジョグは、ランニングの核となるベーシックなトレーニング。練習のうち7割はジョグが占めています。速くも遅くもないペースで一定時間走り続けます。感覚的に全力の約60%のペースで走るのがジョグのスピードです。

トレーニング3

LSD (ロング・スロー・ディスタンス)

超スローなペースで長い時間を走り続ける!

青山式では90分以上、歩くようなゆっくりペースで走ります。毛細血管網が拡張し、カラダの隅々まで酸素が行き渡るようになることで、回復能力とスタミナが向上します。ビギナーは早歩きでも同様の効果が。

トレーニング4

ウインドスプリント

通称"流し"と呼ばれる気持ちのいいスプリント走

風に乗るようなスピードで走る練習で、通常100〜200mを4〜8本行います。スピード練習の導入編でもあり、ダイナミックなフォームづくりと、心肺機能を刺激することが主な目的。練習の最後や強度の高いトレーニング前に行うのがオススメです。

トレーニング5

ペース走

レースの設定ペースで走りペース感覚を養うトレーニング

どれくらいで走れば、設定したペースで走れるのかという感覚を養うのが目的。レースの設定ペースで一定して走れるように、距離表示のあるところで時間を計測しながら走ります。感覚がわかるまで繰り返し練習しましょう。

AOYAMA式10kmビルドアップ走
（マラソン4時間ベストの場合）

1～7km→1kmあたり
5分30～40秒ペース
7～10km→1kmあたり
約5分00秒まで上げる

トレーニング 6

ビルドアップ走

少しずつペースを上げて スピードの頂点でゴールする

青山式ビルドアップ走は、全体距離の7割をレースの設定ペースで走り、残りの3割を1km10～15秒ずつペースを上げてゴールします。距離がわからなければ時間で区切っても。心肺機能の向上とスピードアップが目的です。

トレーニング 7

インターバル走

速いペースのランニングを ゆっくりジョグでつなぐ!

一定距離を強度80％くらいのスピードで走ってから、ジョグ（不完全休息）でつなぐという行程（時間割合は2：1）を数本繰り返す練習。スピードと心肺機能の向上が目的で、疲労物質である乳酸の除去機能もアップします。

インターバル走の例
1km×5本（6分サークル）の場合

×5本

2分：ゆっくりジョグ　4分：1km走る

レペティション走の例
3km×3本（30分サークル）の場合

×3本

18分：完全休息　12分：3km走る

トレーニング 8

レペティション走

ほぼ全力で走ってから 完全休息して再び走る!

一定距離をほぼ全力で走ってから、ストレッチやウォーキングで完全休息をとるという行程（時間割合は4：6）を数本繰り返す練習。スピードと心肺機能の向上が目的ですが、インターバル走との違いは完全休息でしっかり心拍を落とすことです。

トレーニング 9

タイムトライアル

一定距離を全力で走り タイムを計測する!

5kmもしくは10kmを全力で走り、タイムを計測することで、現在の自分のレベルを理解することが目的です。レースタイム設定の目安になるので、3ヵ月に1回ほど行うのがオススメ。最初の2分間を抑え気味に入るのが青山式タイムトライアルの極意です。

トレーニング 10

クロスカントリー

不整地を走ることで 柔軟な筋肉がつくられる

草地や砂浜、山道などの不整地を走り、ランニングのための柔軟な筋肉を養います。体幹が正しく使えているかも明確になるので、フォームチェックにもオススメ。レースから離れた走り込みの時期に行いましょう。

トレーニング 11

快調走(テンポ走)

その日の体調に合わせた 気持ちのいいペースで走る

その日に自分が走りたいと思う自由なペースで走るトレーニング。好不調によってタイムが変化するので、トレーニングの状態や体調のバロメーターになります。練習が順調ではないときに、気分転換で行うこともあります。

6th STEP

12週間プログラム

ケース別12週間プログラム

出場レースが決まったら、それに向けた練習プログラムを組んでいきます。青山式プログラムは、基本的に大会から12週間前にスタートします。目的や目標タイムによって内容は変わるので、まずは自分の目標設定を明確にしましょう。

ここでは代表的な4つのケースを例に、練習内容とポイントを解説していきます。これらを参考に自分に合ったプログラムを組んでみましょう。そのためにも、まずは5㎞もしくは10㎞のタイムトライアルを行ってください。現在のタイムから適切なレースの設定ペースを導き出していきます。

タイム表～

35km	40km	42.195km
2:11:15	2:30:00	**2:38:14**
2:28:45	2:50:00	**2:59:19**
2:37:30	3:00:00	**3:09:52**
2:46:15	3:10:00	**3:20:25**
2:55:00	3:20:00	**3:30:58**
2:57:55	3:23:20	**3:34:29**
3:00:50	3:26:40	**3:38:00**
3:03:45	3:30:00	**3:41:31**
3:06:40	3:33:20	**3:45:02**
3:09:35	3:36:40	**3:48:33**
3:12:30	3:40:00	**3:52:04**
3:15:25	3:43:20	**3:55:35**
3:18:20	3:46:40	**3:59:06**
3:24:10	3:53:20	**4:06:08**
3:30:00	4:00:00	**4:13:10**
3:35:50	4:06:40	**4:20:12**
3:41:40	4:13:20	**4:27:14**
3:47:30	4:20:00	**4:34:16**
3:53:20	4:26:40	**4:41:18**
3:59:10	4:33:20	**4:48:19**
4:05:00	4:40:00	**4:55:21**
4:10:50	4:46:40	**5:02:23**
4:16:40	4:53:20	**5:09:25**
4:22:30	5:00:00	**5:16:27**
4:28:20	5:06:40	**5:23:29**
4:34:10	5:13:20	**5:30:31**
4:40:00	5:20:00	**5:37:33**
4:57:30	5:40:00	**5:58:39**

目標タイムの設定方法

ベストが2時間40分までなら当てはまる青山式算出術。5㎞のタイムトライアルで1㎞当たりの自分のペースタイムを確認します。タイムトライアルの結果1㎞あたり6分00秒ペースだったら、フルマラソンの場合はそれに30秒をプラス。6分30秒がレースでの設定ペースに。上の表で6分30秒のゴールタイムを確認すると、4時間34分が目標タイムとなります。

～フルマラソン目標設定用ラップ

1kmのペースタイム	5km	10km	15km	20km	21.1km	25km	30km
3:45	18:45	37:30	56:15	1:15:00	**1:19:08**	1:33:45	1:52:30
4:15	21:15	42:30	1:03:45	1:25:00	**1:29:40**	1:46:15	2:07:30
4:30	22:30	45:00	1:07:30	1:30:00	**1:34:57**	1:52:30	2:15:00
4:45	23:45	47:30	1:11:15	1:35:00	**1:40:13**	1:58:45	2:22:30
5:00	25:00	50:00	1:15:00	1:40:00	**1:45:30**	2:05:00	2:30:00
5:05	25:25	50:50	1:16:15	1:41:40	**1:47:15**	2:07:05	2:32:30
5:10	25:50	51:40	1:17:30	1:43:20	**1:49:01**	2:09:10	2:35:00
5:15	26:15	52:30	1:18:45	1:45:00	**1:50:46**	2:11:15	2:37:30
5:20	26:40	53:20	1:20:00	1:46:40	**1:52:32**	2:13:20	2:40:00
5:25	27:05	54:10	1:21:15	1:48:20	**1:54:17**	2:15:25	2:42:30
5:30	27:30	55:00	1:22:30	1:50:00	**1:56:03**	2:17:30	2:45:00
5:35	27:55	55:50	1:23:45	1:51:40	**1:57:48**	2:19:35	2:47:30
5:40	28:20	56:40	1:25:00	1:53:20	**1:59:34**	2:21:40	2:50:00
5:50	29:10	58:20	1:27:30	1:56:40	**2:03:05**	2:25:50	2:55:00
6:00	30:00	1:00:00	1:30:00	2:00:00	**2:06:36**	2:30:00	3:00:00
6:10	30:50	1:01:40	1:32:30	2:03:20	**2:10:07**	2:34:10	3:05:00
6:20	31:40	1:03:20	1:35:00	2:06:40	**2:13:38**	2:38:20	3:10:00
6:30	32:30	1:05:00	1:37:30	2:10:00	**2:17:09**	2:42:30	3:15:00
6:40	33:20	1:06:40	1:40:00	2:13:20	**2:20:40**	2:46:40	3:20:00
6:50	34:10	1:08:20	1:42:30	2:16:40	**2:24:11**	2:50:50	3:25:00
7:00	35:00	1:10:00	1:45:00	2:20:00	**2:27:42**	2:55:00	3:30:00
7:10	35:50	1:11:40	1:47:30	2:23:20	**2:31:13**	2:59:10	3:35:00
7:20	36:40	1:13:20	1:50:00	2:26:40	**2:34:44**	3:03:20	3:40:00
7:30	37:30	1:15:00	1:52:30	2:30:00	**2:38:15**	3:07:30	3:45:00
7:40	38:20	1:16:40	1:55:00	2:33:20	**2:41:46**	3:11:40	3:50:00
7:50	39:10	1:18:20	1:57:30	2:36:40	**2:45:17**	3:15:50	3:55:00
8:00	40:00	1:20:00	2:00:00	2:40:00	**2:48:48**	3:20:00	4:00:00
8:30	42:30	1:25:00	2:07:30	2:50:00	**2:59:21**	3:32:30	4:15:00

12週間プログラム

走りやすい4～6月に強度の高いスピード練習を行い、真夏の7～8月は短時間のスピード練習とクロストレーニングを行います。9月から12週間プログラムを始め、11月末にレース。12月は休養し、1月から12週間プログラムを再開して3月末にレースというサイクルで実施します。

4～6月 スピード練習	**7～8月** スピード&クロストレーニング	**9～11月** 12週間プログラム	**11月末** レース	**12月** 休養	**1～3月** 12週間プログラム	**3月末** レース

CASE 1 ダイエット&10kmレース完走

ダイエットや10kmレース完走という目標なら、最初のうちは走らずに「歩く」をテーマにしたほうがきれいにやせられます。前提としてストレッチや体幹スイッチを徹底するということも大切。エクササイズで代謝を上げて脂肪燃焼しやすいカラダをつくってから、少しずつ走り始めるのがよいでしょう。

カラダができていないうちに走ると、ムリに足の力で走ってしまい、足が太くなったり、苦しくて続かなかったり、結果的に失敗の可能性が高くなります。週末のロングウォークで走れる足をつくり、3週目くらいから20分の折り返しコースを走り始めます。6週目くらいで60分走れるような状態に持っていけば、その頃には数キロやせている可能性大。あとはウォーク&ランを継続していけば、10kmのレースもラクに完走できる状態になっているでしょう。

1週目	運動準備①	心身&道具などこれから運動をする準備
	メニュー	通勤ウォーク20分×3以上　60分ウォーク×1
2週目	運動準備②	運動準備①に同じ
	メニュー	運動準備①に同じ
3週目	脂肪燃焼ボディづくり・準備	基本の体幹スイッチに重点を置き、脂肪が燃やせるカラダを準備する。
	メニュー	通勤ウォーク20分×3以上　75分ウォーク×1　20分ジョグ×1
4週目	脂肪燃焼ボディづくり①	基本の体幹スイッチに重点を置き、脂肪が燃やせるカラダをつくる。
	メニュー	通勤ウォーク20分×3以上　90分ウォーク×1　30分ジョグ×1
5週目	脂肪燃焼ボディづくり②	脂肪燃焼ボディづくり①に同じ
	メニュー	脂肪燃焼ボディづくり①に同じ
6週目	リコンディショニング	心身共に疲労を抜き、週末に向けて体調を整える。
	メニュー	通勤ウォーク20分×3以上　60分ジョグ×1（週末）
7週目	脂肪燃焼期・準備	基本の体幹スイッチに重点を置き、脂肪を燃やす準備をする。
	メニュー	通勤ウォーク20分×3以上　30分ジョグ×1　ラン&ウォーク75分×1（配分は自由）
8週目	脂肪燃焼期①	基本の体幹スイッチに重点を置き、ウォーク&ランで脂肪を燃やす。
	メニュー	通勤ウォーク20分×3以上　30分ジョグ×1　ラン&ウォーク90分×1（配分は自由）
9週目	脂肪燃焼期②	脂肪燃焼期①に同じ
	メニュー	脂肪燃焼期①に同じ
10週目	リコンディショニング	心身共に疲労を抜き、週末に向けて体調を整える。
	メニュー	通勤ウォーク20分×3以上　40分ジョグ×1　大会イメージ走（8km）×1（週末）
11週目	調整①	日々の体調の変化に注意し、週末に向けて体調を整える。
	メニュー	通勤ウォーク20分×3以上　50分ジョグ×1　大会イメージ走（5km）×1（週末）
12週目	調整②	調整①に同じ
	メニュー	通勤ウォーク20分×3以上　30分ジョグ×1　30分ウォーク（大会前日）

※ストレッチ&基本の体幹スイッチは週4回は行う。（他プログラムも同様）

CASE 2 マイペースでフルマラソン完走

まず、このプログラムを実践するなら、60分間ラクに走れるようになっていることが条件。フルマラソンをとにかく完走することが目標であれば、「長時間の運動に耐えられるカラダをつくること」がテーマとなります。

そのため、前半は週末にジョグとロングウォークをセットで行い、90分以上動き続けられるカラダのベースをつくっていきます。もちろんストレッチ&体幹スイッチを徹底することは大前提。エクササイズを行うことで、20㎞をラクに走れるようになれば、フルマラソンを完走できる状態になるのです。中盤からは2時間ほどのLSDで長時間走り続ける足をつくっていきます。そして、レースをイメージして走ることで、自分のペース感覚も少しずつ養っていきます。あとは疲労をためないように調整しながら継続。これでフルマラソンを完走できます。

1週目	運動準備①	心身&道具などこれから運動をする準備。
	メニュー	60分ウォーク×2
2週目	運動準備②	運動準備①に同じ
	メニュー	60分ウォーク×1　30分ジョグ×1　45分ジョグ+60分ウォーク×1
3週目	基礎・量準備	基本の体幹スイッチに重点を置き、徐々にウォークとランの時間を増やす。
	メニュー	2時間ウォーク×1　30分ジョグ×1　45分ジョグ+60分ウォーク×1
4週目	基礎・量①	基本の体幹スイッチに重点を置き、ウォークとランでムリなく長い時間を動く。
	メニュー	2〜3時間山歩き×1　60分ウォーク×1　60分ジョグ×1
5週目	基礎・量②	基礎・量①に同じ
	メニュー	基礎・量①に同じ
6週目	リコンディショニング	心身共に疲労を抜き、週末に向けて体調を整える。
	メニュー	プールウォーク20分×1　45分ジョグ×1　2時間ウォーク（週末）
7週目	基礎・量準備	基本の体幹スイッチに重点を置き、ランの距離を徐々に増やす。
	メニュー	90分LSD+90分ウォーク×1　30分ウォーク×1　15㎞大会イメージ走（週末）
8週目	量・ペース①	基本の体幹スイッチに重点を置き、距離に対する不安をなくしながらペース感覚も養う。
	メニュー	2時間LSD+60分ウォーク×1　30分ウォーク×1　20㎞大会イメージ走（週末）
9週目	量・ペース②	量・ペース①に同じ
	メニュー	量・ペース①に同じ
10週目	リコンディショニング	心身共に疲労を抜き、週末に向けて体調を整える。
	メニュー	プールウォーク20分×1　45分ジョグ×1　15㎞大会イメージ走（週末）
11週目	調整①	日々の体調の変化に注意し、週末に向けて体調を整える。
	メニュー	40〜60分ウォーク×2　60分ジョグ×1　10㎞大会イメージ走（週末）
12週目	調整②	調整①に同じ
	メニュー	60分ウォーク×1　30分ウォーク（大会前日）

CASE 3 目指せ！ サブフォー

フルマラソンは完走できたものの、次のレースでは4時間を切りたい（サブフォー）という目標を立てた場合のプログラム。4時間を切るということは、余裕を見て1㎞当たり5分30秒のペースで走れるスピードがないといけません。そのため、P148の目標タイム設定の法則でいくと、5㎞のタイムトライアルで25分を切れることがこのプログラムを実践する条件となります。

前半はLSDやロングウォークといった長時間の練習でスタミナをつけていきます。中盤はペース走、ビルドアップ走、LSDを週1回組み込んで、心肺を刺激しながら、ラクにペースをキープできるカラダをつくることがテーマになります。ここで目標のペースで2時間もしくは20㎞をラクにこなせるようになれば、終盤は調整するだけで、4時間を切ることができるでしょう。

1週目	移行期①	心身共に、徐々にトレーニングができる状態へ移行する。
	メニュー	60分ウォーク×1　2時間ウォーク×1　45分ジョグ×1
2週目	移行期②	移行期①に同じ
	メニュー	山歩き2～3時間×1　60分ジョグ×1　30分ジョグ×1
3週目	走り込み準備	基本&レベルアップ・スイッチに重点を置き、走り込む準備をする。
	メニュー	山歩き3～4時間×1　60分ジョグ+ウインドSP×1　45分ジョグ×1　LSD90分×1
4週目	走り込み①	基本&レベルアップ・スイッチに重点を置き、ペースはあまり考えず走り込む。
	メニュー	15㎞快調走×1　LSD2～2時間半×1　45分ジョグ×1　60分ジョグ+ウインドSP×1
5週目	走り込み②	走り込み①に同じ
	メニュー	走り込み①に同じ
6週目	リコンディショニング	心身共に疲労を抜き、週末に向けて体調を整える。
	メニュー	プールウォーク30分×1　45分ジョグ+ウインドSP×1　10㎞ビルドアップ（週末）
7週目	ペース・心肺準備	基本&レベルアップ・スイッチに重点を置き、ペース感覚を養いながら心肺機能に刺激を入れる準備をする。
	メニュー	クロカン（坂往復走）30分×1　10㎞ビルドアップ×1　LSD2時間×1　20㎞ペース走×1
8週目	ペース・心肺①	基本&レベルアップ・スイッチに重点を置き、ペース感覚を養いながら心肺機能に刺激を入れる。
	メニュー	ハーフマラソン出場 or 20㎞ペース走（週末）　10㎞ビルドアップ×1　LSD2時間×1　60分ジョグ+ウインドSP×1
9週目	ペース・心肺②	ペース・心肺①に同じ
	メニュー	ペース・心肺①に同じ
10週目	リコンディショニング	心身共に疲労を抜き、週末に向けて体調を整える。
	メニュー	プールウォーク30分×1　30分ジョグ×1　45分ジョグ+ウインドSP×1　20㎞ペース走（週末）
11週目	調整①	日々の体調の変化に注意し、週末に向けて体調を整える。
	メニュー	10㎞ビルドアップ×1　30分ジョグ+ウインドSP×1　10㎞タイムトライアル（週末）
12週目	調整②	調整①に同じ
	メニュー	30分ウォーク×1　8㎞ビルドアップ×1（MAXの80%）　30分ジョグ+5分ビルドアップ（大会前日）

CASE 4 サブスリーで上級ランナーに！

フルマラソンで3時間を切りたい（サブスリー）という上級ランナーのためのプログラム。この場合、5kmのタイムトライアルで最低でも19分は切れるということが、実践できる条件となります。

前半はロングウォークやLSDといった長時間トレーニングでスタミナをつけながら、ビルドアップ走などのスピード練習も組み込んでおきます。3〜5週目の走り込み期には、最低でも週に70kmという距離は走っておきましょう。中盤はさらに10kmかハーフのレースに出場したり、インターバル走やレペティション走など高負荷のトレーニングで高い刺激を入れ、スピードを鍛え上げていきます。終盤は調整期となり、高い負荷がかからない程度に刺激を入れ、ピークをレースに持っていけるように調整します。あとは走り慣れたランナーなので、正しく準備できれば達成できるでしょう。

1週目	移行期①	夏トレ（トライスロン的トレ）から心身共に、ラントレができる状態へ移行する。
	メニュー	ロングウォーク or 山歩き4時間以上×1　60分ジョグ＋ウインドSP×2　クロカン60分×1
2週目	移行期②	移行期①に同じ
	メニュー	移行期①に同じ
3週目	走り込み準備	基本&レベルアップ・スイッチに重点を置き、走り込む準備をする（坂道、不整地も取り入れる）。
	メニュー	クロカン90分×1　LSD2時間×1　12kmビルドアップ×1　60分ジョグ＋ウインドSP×1
4週目	走り込み①	基本&レベルアップ・スイッチに重点を置き、走り込む（坂道、不整地も取り入れる）。
	メニュー	クロカン90分×1　LSD3時間×1　12kmビルドアップ×1　60分ジョグ＋ウインドSP×1　20km快調走×1
5週目	走り込み②	走り込み①に同じ
	メニュー	走り込み①に同じ（快調走は30kmまで可）
6週目	リコンディショニング	心身共に疲労を抜き、週末に向けて体調を整える。
	メニュー	プールウォーク or スイム45分×1　LSD2時間×1　60分ジョグ×1　16km快調走（週末）
7週目	ペース・心肺・スピード準備	ペース感覚を養い、レース以上のスピードで走り、心肺機能に刺激を入れる準備をする。
	メニュー	20〜25kmペース走×1　LSD2時間半〜3時間×1　ビルドアップ16km×1　60分ジョグ＋ウインドSP×2
8週目	ペース・心肺・スピード①	ペース感覚を養い、レース以上のスピードで走り、心肺機能に刺激を入れる。
	メニュー	ハーフ大会出場 or 20kmビルドアップ×1　LSD3時間×1　インターバル 1km5本×1　60分ジョグ＋ウインドSP×1
9週目	ペース・心肺・スピード②	ペース・心肺・スピード①に同じ
	メニュー	ペース・心肺・スピード①に同じ
10週目	リコンディショニング	心身共に疲労を抜き、週末に向けて体調を整える。
	メニュー	プールウォーク or スイム45分×1　LSD2時間×1　60分ジョグ＋ウインドSP×1　20kmペース走（週末）
11週目	調整①	日々の体調の変化に注意し、週末に向けて体調を整える。
	メニュー	10kmビルドアップ×1　LSD90分×1　60分ジョグ＋ウインドSP×1　20km快調走×1　10kmタイムトライアル（週末）
12週目	調整②	調整①に同じ
	メニュー	15km快調走×1　10kmビルドアップ×1（MAXの80％）　40分ジョグ＋5分ビルドアップ（大会前日）

青山コーチ＆前波トレーナーに聞く！

ランナーズQ&A

ランニングを始めると、いろいろな疑問や悩みが出てくるもの。
そんなランナーたちの声に、
青山コーチ&前波トレーナーが
豊富な経験からアドバイス！

Q　10年ぶりの運動なのですが、初日から5㎞を30分で走れました。問題なさそうなので、このまま距離を伸ばしてもよいですか？

A　いたずらに距離を伸ばそうと思うより、まずは目標・目的を設定しましょう。健康維持だけなら60分以上走る必要もないですし、フルマラソン完走であれば、そのためのメニューが必要です。無目的に距離を伸ばそうとすると長続きしにくいですね。「5キロやせたい」でも「フルマラソンを完走したい」でもなんでもよいので、自分がなんのために走るのか？　ということを明確にしておきましょう！

Q　ランナーはどんなものを食べるべきですか？

A　月並みですが、バランスのよい食事です（笑）。糖質、脂質、タンパク質、ビタミン、ミネラルなど栄養が偏らない食事が大切です。具体的には和食がオススメ。日本人の細胞には、その土地の食文化が合うのです。お米で糖質、豆腐のみそ汁でタンパク質や塩分、卵でタンパク質、ひじきでビタミンやミネラルといった感じで、和食であれば自然とバランスのよい食事になります。

Q　スピード練習で注意することはありますか？

A インターバル走やビルドアップ走、レペティション走、ペース走、タイムトライアルなどがスピードアップを図るための練習です。これらの練習を行うときに注意してほしいのが、いきなり始めないということ。強度の高い練習をストレッチの後すぐに始めてしまう人がいますが、ケガの恐れがあるので危険です。必ず15分程度のジョグを行い、ウインドスプリントを4～6本くらい走ってから行うようにしましょう。

Q **初めてのレースに向け、スピード練習を始めたらひざが痛くなりました。まだ筋力が足りないのでしょうか？**

A それは、そもそも体幹にスイッチが入っていません。体幹の力を利用できていれば、スピードを上げたとしても変化は起こりません。肩甲骨から骨盤へと連動ができていないために、筋力に頼ってムリに走っている状態だと思われます。ムリなくスピードアップを図りたいなら、筋力の問題ではなく、体幹スイッチ・エクササイズを重点的に行ったほうがよいでしょう。

Q **走るときに、つま先がどうしても外側を向いてしまいます。どうすればよいですか？**

A 走っている最中には、修正しようとしないでください。ムリに直そうとすると、故障やケガを引き起こす可能性があります。ランニング中は確認だけに留めて、修正は体幹スイッチで行いましょう。この場合は、かかと上げ（P61）とひざ曲げスクワット（P62）を実践し、重心位置とつま先とひざの向きのクセづけを行ってください。地道に継続していけば、改善されていくでしょう。

Q **もともと走るのが苦手で、2km以上走ったことのない私ですが、フルマラソンを完走できるのでしょうか？**

A

すぐでなければ可能です。半年かけて、正しい準備をしてトレーニングを継続していけば必ず完走できます。ビギナーで2㎞というと、頑張って10分、遅くても15分くらいの走行時間になりますが、走り始めのその時間帯がいちばん苦しいと感じるところ「デッドポイント」（P117）なんです。そこを抜ければ、気持ちいいと感じる「ステディ・ステイト」の状態になって、ラクに走れるようになりますから、時間をかけて準備していきましょう。誰でも完走できますから大丈夫ですよ。

Q

いちばんやせやすいスピードってあるんですか？

A

カンタンにいうと、早歩きです。本来であれば心拍計を使って心拍数の計測を行い、その人のベストな数値を導き出す方法があるのですが、人によってペースが変わってしまうので、広く一般的にいえるものというと早歩きがベスト。LSD（P145）も脂肪燃焼にはよいのですが、これも人によってペースが異なります。早歩き（ブリスクウォーク）であればそんなに大差はありませんし、カラダの芯から脂肪を燃やすことができるので、やせやすいスピードの目安としては、いちばんわかりやすいと思います。できるだけ長時間歩き続けると効果的です。

Q

走るのは朝と夜とでは、どちらがよいですか？

A

走り慣れていれば、体脂肪が燃えやすい朝のほうがよいのですが、カラダが目覚めていないのでリスクもあります。そのため、ビギナーはカラダが活発になっている午後以降に走るのがベターです。上級者は朝にスタミナ系の練習を行い、夜に強度の高い練習を行うことが多いですね。朝に走る場合にストレッチを行わずに走ってしまうランナーもいますが、これはケガの危険がとても高いのでやめましょう。また、ほとんどのレースは朝にスタートします。午後以降に走っている人は、レースの約1ヵ月前から朝型に切り替える調整も必要になります。スタートの時間に合わせて、走るようにしましょう。

Q すぐにやせるようサウナスーツを着て走っています。普通のランニングシャツでも同じようにやせるのでしょうか？

A サウナスーツは、汗がかけない人にとっては、少し代謝が上がるのでよいかもしれませんが、快適性がないので長く続けることが困難です。きっかけとして悪くはありませんが、快適に走れるという意味ではランニング用のウエアを着たほうがよいと思います。汗をかくこと自体は、水分が抜けるだけなので脂肪は減りませんが、脂肪を燃えやすくする効果はあります。しかし、気持ちよく走れないので、ランニングウエアを着たほうがよいのです。楽しければ長続きしますし、そのほうが結果的にダイエットは成功すると思います。

Q 軽いレース用のシューズは、ビギナーでも履いてよいですか？

A ビギナーの場合はダメです。軽いシューズがよいとは限

りません。軽いということは、その分、ビギナーの足をサポートする機能をそぎ落としているということ。ビギナーの場合は、重さは気にすることなく、機能が充実しているシューズを選ぶのがよいでしょう。

Q 夏場に水分を補給したら、カラダがだるくて走れなくなりました。なぜでしょうか？

A それは、過剰摂取と電解質不足が原因と考えられます。人間のカラダは、ナトリウムとカリウムの細胞内バランスが重要なのですが、水（H_2O）にはそれが含まれていないので、大量に摂取するとバランスが崩れて細胞が腫れてしまいます。すると、脳が異変を感知して、「だるさ」という形で危険を知らせるのです。また、ナトリウムとカリウムという電解質が不足すると、脱水症状に陥り、頭痛やめまい、呼吸困難などの健康被害が表れてくることも。ですから、水分補給は乾いてから大量にとるのではなく、30分に1回ずつこまめにとることが大切なのです。

Q 走り始めたら筋肉痛がひどくて思うように走れません。どうすればよいですか？

A まずはランニングの前後にストレッチを意識的に行ってください。さらに、筋肉痛を緩和させるクーリングアプローチという方法もオススメ。筋肉痛は、血液の中に疲労物質がたまり、筋肉が熱を持った状態になっています。その熱を冷やしてあげると、痛みが緩和するのですが、患部を直接冷やすのではなく、患部に近い関節の部分を冷やしてあげます。関節の表層部には大きな動脈が分布していて、そこを冷やすことで血液の温度が下がり、冷えた血液が患部の奥まで流れ込みます。すると、患部を効果的に冷やすことができるのです。また、筋肉痛を予防するには、ランニング後に正しいフォームで歩くことが大切。筋肉のポンプ作用で、疲労物質を外に出すことができます。ストレッチ、正しい動き、適正な負荷、クールダウン、練習後のケア。これらができていれば、筋肉痛になることはありません。

Q フルマラソンに挑戦する前に、30㎞以上走れるカラダにしないと、完走はムリですか？

A 走れるに越したことはありませんが、必ずしもムリではありません。青山式では、20kmをラクに走れるようになっていれば、完走できるという考え方で指導しています。30～40kmを一気に走ると、カラダへのダメージも大きなものとなります。それを頻繁に行ってしまうと、故障が発生して本番に力を発揮できないということにもなりかねません。もし、走れないと不安だということであれば、同じ距離を午前と午後で分けて走るという方法もあります。カラダへの負担も減りますし、同様の効果が得られます。ただし、長距離のランニングは本番の3週間前までの期間に済ませてください。本番に近い時期に行うことは、故障のリスクがあるので避けましょう。

Q　オススメの呼吸法があったら教えてください。

A　呼吸は気にせず、自然な感じでOKです。走っているうちに、自然と呼吸にリズムが出てくるので、そのリズムをキープして走るのがよいと思います。あまり呼吸に気をとられると、意識が上に上がってしまうので、走り全体のバランスを欠いてしまうことにもつながります。落ち着いて走れば、問題はありません。

Q　最低で週に何回走れば、フルマラソンを完走できますか？

A　仕事が忙しくて平日はムリという人を基準に考えると、ランニングウエアを着て走るという練習は、週末の2回でも完走できます。ただし、平日にストレッチ＆体幹スイッチを行い、通勤ウォークでできるだけ多く歩くことが必要。週末もストレッチ＆体幹スイッチの時間をとってください。そうすれば、週末2回のランニングでも半年ほどでフルマラソンを完走できると思います。

著者
青山剛(あおやま たけし)

1974年7月14日、東京都生まれ。パーソナルコーチングシステム「Team AOYAMA」の代表を務め、ランニング、トライアスロン、クロストレーニングのプロフェッショナル・コーチとしてプロ・アマ問わず幅広く指導を行っている。一般向けのセミナーや企業向けの講演活動なども全国各地で精力的に展開。主な著書に『走れるカラダになる 体幹「3S」メソッド』(日本文芸社)などがある。

著者
前波卓也(まえなみ たくや)

1979年7月7日、茨城県生まれ。財団法人日本オリンピック委員会医科学スタッフ。公益財団法人日本スケート連盟強化トレーナーとしてフィギュアスケート日本代表をサポート。プロアスリートの専属トレーナーや複数のチームトレーナーを歴任し、現在は「Team AOYAMA」のコンディショニング・トレーナーとしても、傷害の早期治癒・ケガをしないカラダづくりを総合的にサポートしている。

モデル
阪田瑞穂(さかた みずほ)

1986年3月29日、鳥取県生まれ。2002年の「第8回全日本国民的美少女コンテスト」グランプリ受賞をきっかけに、芸能界デビュー。女優・モデル・歌手としてTV・映画・舞台と幅広く活躍している。青山コーチの6ヵ月間に渡る指導の下、2013年の東京マラソンでフルマラソンに初挑戦。目標の4時間30分を大幅に上回る4時間17分37秒という好タイムで見事完走を果たしている。

ランニング・コア・メソッド

著者　青山剛／前波卓也
発行者　富永靖弘
印刷所　慶昌堂印刷株式会社

発行所　東京都台東区台東4丁目7　株式会社 新星出版社
〒110-0016 ☎03(3831)0743 振替00140-1-72233
URL http://www.shin-sei.co.jp/

ISBN978-4-405-08669-2